Eva von Tiele-Winckler

Zum Segen berufen

Entstehen und Wirken des Friedenshortes

Verlag der
St.-Johannis-Druckerei
C. Schweickhardt
Lahr-Dinglingen

CIP-Titelaufnahme der Deutschen Bibliothek:

Tiele-Winckler, Eva von:
Zum Segen berufen : Entstehen und Wirken des Friedenshortes / Eva von Tiele-Winckler. – 6., erw. Aufl. – Lahr-Dinglingen : St.-Johannis-Dr. Schweickhardt, 1990
TELOS-Bücher ; 70616 : TELOS-Taschenbuch)
ISBN 3-501-00967-4
NE: GT

ISBN 3 501 00967 4
TELOS-Bücher
TELOS-Taschenbuch 70 616
6. erweiterte Auflage
Umschlag: Reiner Seibold

Gesamtherstellung:
St.-Johannis-Druckerei, 7630 Lahr
Printed in Germany 10244/1990

Inhalt

Heiland, Deine größten Dinge
beginnest Du stille und geringe;
was sind wir Armen, Herr, vor Dir?
Aber Du wirst für uns streiten
und uns mit Deinen Augen leiten;
auf Deine Kraft vertrauen wir.
Dein Senfkorn, arm und klein,
wächst endlich ohne Schein
doch zum Baume,
weil Du, Herr Christ,
sein Hüter bist,
dem es von Gott vertrauet ist.

(Albert Knapp, 1798–1864)

Eva von Tiele-Winckler

Einführung

Es war im Herbst 1890, als in aller Stille und Verborgenheit in dem äußersten Zipfel Oberschlesiens ein kleines Liebeswerk entstand. Ohne Plan, ohne Arbeitsprogramm, ohne Erfahrung und gründliche Vorkenntnisse, aber vom Herrn befohlen und von ihm Schritt für Schritt geleitet, wurde es in großer Schwachheit begonnen, bis schließlich ein Haus nach dem anderen entstand und eine Aufgabe sich an die andere reihte. Die Liebe Christi hineinzutragen in die Not Oberschlesiens, war der ursprüngliche Auftrag; aber allmählich erweiterte er sich über die Grenzen des dunklen Industriegebietes hinaus bis in entfernte Gegenden der Erde. Der Auftrag des Meisters umfaßt aber auch die verschiedensten Arbeitszweige bewahrender, rettender, helfender, erziehender Liebe, und es gibt kaum eine Form der Hilfsbedürftigkeit, die nicht in irgendeiner Weise unseren Dienst in Anspruch nimmt. In den Häusern und Häuschen, die den Friedenshort bilden, werden Kinder gepflegt und erzogen, Kranke und Gebrechliche, Alte und Behinderte versorgt, Gefallene und Verirrte auf den rechten Weg zurückgeführt, junge Mädchen für die Aufgaben des Lebens vorbereitet, Hungernde gespeist, Nackte bekleidet, Obdachlose beherbergt und eine Schar von Schwestern herangebildet, die ausgesendet wird zum Dienst in den Gefängnissen, in den Gemeinden, in den Krankenhäusern, Kinderschulen, Waisenhäusern und Pflegeheimen und Zufluchtsstätten und bis in die weiten Missionsgebiete der Heidenwelt. Als ganz besondere Aufgabe ist uns das Sammeln heimatloser Kinder von Gott anvertraut, denen die »Heimat für

Heimatlose« einen Ersatz zu bieten versucht für das, was sie entbehren müssen.

Es gibt im tiefsten und wahrsten Sinne eine erschrekkend große Schar von heimatlosen Kindern, die kein Zuhause haben oder nur ein solches, das ihnen Gefahr für Leib und Seele bringt oder sie dem Mangel und aller Art von Entbehrungen aussetzt, – ein Zuhause, an das viele nur mit Grauen denken. Waisen und Halbwaisen sind in der Regel noch die glücklichsten der heimatlosen Kinder, denn ihnen bleibt in vielen Fällen noch eine lichte Erinnerung; aber das Heer von Trinkerkindern und Verbrecherkindern, von Kindern, die ohne Familienrecht und Heimat in die Welt hineintreten, oft von Vater und Mutter ausgestoßen und verlassen, überall im Wege, immer eine Last, oft aus einer Pflegestelle in die andere kommend, umhergestoßen, mißhandelt, nicht selten fast bis zu Tode gequält – das sind die eigentlichen Heimatlosen, denen unsere »Heimat« ihre Türen öffnet. Aber wo ist Raum für so viele? Wenn wieder ein neues Haus geöffnet wird, ist es, wie wenn man eine Schleuse aufmacht, und im Nu hat der zurückgedämmte Strom des Elends die Stuben und Betten gefüllt, und wer keinen Platz mehr hat, muß draußen bleiben und warten, bis wieder barmherzige Liebe eine neue Stätte schafft, wenn es dann nicht schon zu spät ist.

Ein Gegenstück zu der bewahrenden Kinderarbeit und eine notwendige Ergänzung derselben ist der Dienst an den Verlorenen und Sündern. Er soll wieder gutmachen und zurechtbringen, was versäumt und verdorben wurde. Schwerer und mit viel Herzweh verbunden ist dies, aber köstlich und verheißungsvoll um dessentwillen, der gekommen ist, das Verlorene zu suchen und selig zu machen. In mehreren Mädchenheimen dienen unsere Schwestern denen, die einer helfenden Hand und zurechtbringenden Leitung bedürfen. Auch den schwer Verirrten in den Gefängnissen, Zuchthäusern und Arbeitshäusern gehen unsere Schwestern nach, um ihnen die Botschaft von der rettenden Liebe zu bringen, die das Verlorene sucht.

Bei der wachsenden Arbeit, zu der die vorhandenen Kräfte nicht ausreichen wollen, flehen wir, daß der Geist des Herrn Jungfrauen und Witwen rufen, zubereiten und ausrüsten wolle zum Dienst am Elend. Die Schatten werden tiefer, der Jammer größer, die Last schwerer – wer will sie uns tragen helfen? Wer will eintreten in den Kampf gegen die Sünde und Not und auf den Ruf des Herrn antworten: Hier bin ich – sende mich!

Berufung

Jede Pflanze hat ihre Geschichte, längst ehe das zarte Keimchen die braune Erdkruste durchbricht. So hat auch jedes Werk, das von Gott ins Leben gerufen und nicht menschliches Machwerk ist, seine Vorgeschichte, und wir müssen, um es recht verstehen zu können, zurückgreifen in die Zeit, als Gott das Samenkorn im Verborgenen einsenkte, längst ehe der erste Stein zum ersten Hause zugerüstet war. Zu einem Werk braucht Gott ein Werkzeug, und bei der Wahl eines solchen geht es oft seltsam zu. Vielleicht wählt er, der große, unumschränkte Werkmeister, sich oft so minderwertige, ungeeignet scheinende Werkzeuge, damit aller Ruhm, alle Ehre und Herrlichkeit ihm gegeben werde und das armselige Gerät sich nicht etwa einbilden möchte, es habe irgendein großes Werk vollbracht. In den Anblick eines Bildes vertieft, denkt man nicht an den Pinsel, der die Farbe auftrug, sondern an den Künstler, dessen Seele das Werk schuf. So sei auch von vornherein bei der Geschichte des Friedenshortes alles ausgeschlossen, was den Ruhm, der dem Schöpfer und Erhalter dieses Werkes allein gebührt, beeinträchtigen könnte. Das Werkzeug hat weiter nichts als die ganz unverdiente Ehre, von der Hand des großen Meisters gebraucht worden zu sein. »Was nichts ist, das hat Gott erwählt«, darin liegt für mich die Antwort auf die Frage, warum er gerade mich zu diesem Dienst berufen und gebraucht hat.

Gottes allererste Vorbereitungen liegen weit zurück in dem geheiligten Leben meiner Mutter und in den treuen Gebeten für ihre Kinder. Gelöst von aller Eitelkeit der Welt, in die Anschauung Gottes versunken, fremd den

Dingen dieser Erde, aber dem Himmel vertraut, so war sie durch dieses Leben gegangen, eine verklärte Lichtgestalt, nach Wahrheit dürstend, suchend, forschend. Ihre geistige Nahrung fand sie in der Heiligen Schrift und in edlen, milden Schriftstellern beider Kirchen. Besonders liebte sie die Mystiker des Mittelalters: Meister Eckart, Tauler und Suso, in deren geheimnisvolle Lehren sie sich gern vertiefte. Sie war es auch, die uns in früher Kindheit die ersten Anregungen zum Wohltun gab. Den Geburtstagstaler und die Zahngroschen durften wir in ihrer Gegenwart in die Hand einer Witwe legen. Sie liebte die Armen und sorgte für sie. Die Kranken im Dorf ließ sie besuchen und pflegen, und wo sie von Not und Herzeleid wußte, da hatte sie eine offene Hand und ein tröstendes Wort. Ihr liebevolles, gütiges, sanftes Wesen, das allen und besonders den Geringsten mit wahrer Herzensfreundlichkeit begegnete, hat sich unserer Erinnerung tief eingeprägt. Der Friede Gottes war über ihr ausgebreitet. Nie haben wir ein hartes Wort oder ein liebloses Urteil über Abwesende von ihr gehört. Unsere Mutter wird für uns immer das edelste menschliche Vorbild bleiben. Was wir Kinder an Gottessehnsucht in uns trugen, verdanken wir ihren Gebeten, ihrem Leben, ihren hinterlassenen Schriften, die uns auch in den Zeiten größter Gottesferne wie ein Zug nach oben und wie ein Ruf nach Hause waren.

Auch unser Vater übte, wenn auch in ganz anderer Weise, einen starken Einfluß auf die Entwicklung seiner Kinder aus. Er war ein Mann von ungewöhnlicher Energie und großer Tatkraft. Ernst und streng verbarg er die zarten Seiten seines Wesens und die Liebe seines Herzens manchmal unter scheinbarer Härte. Um so mehr erfreute uns jeder Beweis seiner Güte, jedes freundliche Wort. Er erzog uns sehr einfach und härtete uns in jeder

Weise ab. Nie durften wir klagen oder weinen, nie einen Schmerzenslaut tun oder Furcht zeigen. Streng und hart, wie er gegen sich selbst war, verlangte er auch von uns Selbstbeherrschung und die Energie, Schwierigkeiten und Schwächen zu überwinden und Anstrengungen und Entbehrungen gern zu ertragen.

Eine besondere Freude war es, wenn er mit uns in den Wald ging. Da stellte er uns oft auf Proben, die für so kleine Kinder nur unter Aufbietung aller Kraft und Willensstärke zu bestehen waren. Manchmal mußten wir durch tiefverschneite Fichtenschonungen dringen, in denen wir bis an die Brust oder tiefer in den Schnee versanken und uns nur mühsam herausarbeiten konnten, oder er stellte uns, getrennt von einander, am Waldrand auf und gab uns ein entferntes Ziel, das wir ohne Weg und Steg erreichen sollten. Einmal auf der Parkmauer stehend, hinter der sich ein tiefer, breiter Graben befand, rief mir der Vater zu: »Eva, spring hinüber!« Ich zögerte einen Augenblick. Es war selbst für uns ein Wagnis, die wir im Springen geübt waren. »Wirf das Herz hinüber und spring nach!« lautete der Befehl. Ich sprang und erreichte den gegenüberliegenden Grabenrand. Der Vater wußte, was er uns zumuten konnte. Wir aber vertrauten ihm unbedingt und wären auch vom höchsten Turm des Schlosses heruntergesprungen, wenn er es verlangt hätte; darüber waren wir Kinder uns klar. So streng er war, so gerecht war er auch; das war das Zeugnis aller, die ihn kannten. Als achtes und vorletztes Kind wuchs ich in großem Geschwisterkreis auf. Schloß, Park und Wald, das war unsere Welt, und nur selten wurde diese Grenze überschritten.

Im Jahre 1880, als ich dreizehn Jahre alt war, starb nach jahrelangem Leiden meine Mutter. Es war, als wenn mit ihr die Sonne unterginge; öde und leer war es im großen Schloß ohne sie. Des Morgens vor den Unterrichtsstunden und in der Abenddämmerung schlich ich mich allein in die vereinsamten Räume und gab dort meinem Schmerz und meinem Verlangen freien Lauf. Ihr Scheiden weckte in meinem Kinderherzen alles Zarte, Weiche, was darin schlummerte, und ich fing an, Gott zu suchen. Nach einiger Zeit aber siegte das Harte, Trotzige und Wilde in meiner Natur. Mein einziger Freund und Vertrauter war mein großer Bernhardinerhund, mein Trost und Element der Wald. Die Geschwister sagten, ich wäre wie der wilde Jäger. Es war eine dunkle, böse Zeit, an die ich nicht gerne zurückdenke.

Ich war fünfzehn Jahre alt geworden, als mein Vater zum zweitenmal heiratete. Nun schien es Zeit für mich und meine Schwester, an die Vorbereitung zur Konfirmation zu denken. Als ich von dem Plan hörte, war ich entschlossen, den äußersten Widerstand zu zeigen und mich nie zu einem Glaubensbekenntnis zwingen zu lassen, das ich nicht von Herzen annehmen konnte. Auch in den Unterrichtsstunden wußte ich es einzurichten, daß ich jeder Katechismusfrage nach den Glaubensartikeln aus dem Wege ging. Ich wäre damals lieber ein Heide geworden als ein Christ.

Im 17. Lebensjahr verspürte ich die ersten Züge der Gnade. Unzufrieden mit mir selbst wollte ich gut werden und versuchte es ernsthaft, wenn auch ohne Erfolg. Damals erwachte auch das erste Mitleid und ein Trieb zum Helfen. Ein kleines Mädchen, mit Wunden am Bein, in ärmlicher Hütte weit hinter dem Wald, war der Gegenstand meiner ersten Bemühungen. Früh am Morgen, wenn noch alles schlief, lief ich, von meinem großen Hund begleitet, hin und verband ihr die Wunden und las der kleinen Kranken und ihrer Gefährtin, auf der Schwelle der Hütte sitzend, Gedichte aus einem Buch meiner Mutter vor. Die beiden polnischen Kinder werden nicht viel verstanden haben, aber ich brachte ihnen das Beste, was ich hatte, und wir gewannen uns lieb.

Im Herbst, kurz ehe ich 17 Jahre alt wurde, ging es wieder nach Berlin, und nun sollte der Religionsunterricht beginnen. Meine Gesinnung war milder und versöhnlicher geworden, und ich war willig, den Unterricht zu besuchen, um den Glauben der Christen kennenzulernen, wenn ich auch noch ebenso fest entschlossen war, nie ein Bekenntnis abzulegen, dem ich nicht von Herzen zustimmen könnte.

Gott selbst nahm mich in seine Schule. Alles, was ich mir eingebildet hatte, zu besitzen, lag zertrümmert da. Ich hatte nichts – keinen Grund unter den Füßen, keine Zukunft, keinen Himmel, keine Ewigkeit, keinen Gott! O wie ich nach Wahrheit suchte Tag und Nacht! Aber ich konnte sie nicht finden. Was ist das Leben? Was ist der Tod? Was ist die Zeit? Was ist die Ewigkeit? Diese Fragen zermarterten mein Hirn; aber keine Antwort kam. Nur hin und wieder tauchte wie ein Stern in der Nacht ein Wort auf, das ich einmal gelesen haben mußte, obgleich ich kaum wußte, wer's gesprochen hatte: »Solches habe ich mit euch geredet, daß ihr in mir Frieden habt. In der Welt habt ihr Angst; aber seid getrost, ich habe die Welt überwunden.« Es war mir verheißungsvoll und groß, daß *einer* sagen konnte: Ich habe die Welt überwunden. Aber wer war dieser Eine? Ich kannte ihn nicht!

In der Woche vor dem ersten Advent saß ich in meinem Stübchen allein und sollte mich auf den Religionsunterricht vorbereiten. Mein Blick fiel auf Johannes 10. Ich las vom guten Hirten, von dem ich noch nie bewußt gehört hatte. Es war mir alles neu, ganz neu. Nun sah ich es deutlich: Ich bin das verirrte Schaf. Und Jesus?

Ist er der gute Hirte? Ist er mein Hirte? »Herr, wenn es wahr ist, daß du der gute Hirte bist, dann will ich auch zu deiner Herde gehören.« Da wurde es im Herzen still, und ich hatte die Antwort bekommen. Das war der Beginn eines neuen Lebens.

Alles sah nun anders aus, in mir und um mich, und wenn es auch nur die allerersten Strahlen des Lichtes waren, die in mein dunkles Herz fielen, so wußte ich doch: Der Herr hat sich mir offenbart, und ich gehöre von nun an ihm!

Das Wort Bekehrung hatte ich noch nie gehört, und mit keinem Menschen hatte ich über das Erlebte gesprochen; aber man merkte wohl, daß eine Veränderung mit mir vorgegangen war. Am ersten Advent ging ich zum erstenmal freiwillig zur Kirche. Die Predigt über Jesu Einzug in das Menschenherz schien nur für mich zu sein. Jetzt wußte ich, was mit mir geschehen war. Dann wurde ich krank. Den Unterricht konnte ich nicht weiter besuchen; aber ich fing an, das Neue Testament zu lesen, wie ein Heide es liest, der zum erstenmal die Frohe Botschaft hört. Auch der ganze Ernst der Forderung Jesu wurde mir bewußt. Es war mir so groß, daß er *alles* verlangte und als Ersatz nichts weiter bot als sich selbst und sein Kreuz. Wahrlich, wenn er das durfte, dann war er es wert, daß man alles verließ und ihm nachfolgte! Damals habe ich die Kosten überschlagen, und mir ist in jener Zeit nie der Gedanke gekommen, daß es möglich sein könnte, Jesus nachzufolgen und zugleich die Welt liebhaben oder sein eigenes Leben festhalten zu dürfen. Das schien mir unvereinbar; nur ein Entweder-Oder war möglich. Ihn konnte ich nicht mehr lassen – folglich mußte ich mich selbst aufgeben, verleugnen und verlieren. – Das war klar, und ich war entschlossen, um jeden Preis auf die göttlichen Bedingungen einzugehen.

Gleichzeitig mit der inneren Offenbarung Christi erwachte in mir eine neue, heiße Liebe zu den Armen und Elenden. Sie kam über mich wie eine bezwingende Macht, wie eine Herz und Gedanken in Besitz nehmende Leidenschaft. Die Augen wurden mir geöffnet für den Jammer der Welt. Ich litt mit den Leidenden, und ich hatte nur noch *ein* Verlangen: Mein Leben hinzugeben, um dem Elend zu helfen.

Im Geist sah ich, was ich früher kaum bemerkt hatte – die Not meiner Heimat, und ich wußte jetzt, wozu ich lebte. Nun brauchte ich meine Tage nicht mehr unnütz und zwecklos zuzubringen, es gab Arbeit für mich in der Welt! Jesus Christus hatte mich gesucht, gefunden und berufen in seine Nachfolge und in seinen Dienst, und nun galt es, auf seine Aufträge zu warten.

Sogleich begann ich mit dem Lernen der polnischen Sprache, die Wochen der Genesung dazu benutzend. Ohne Lehrer und Buch versuchte ich, mir mit Hilfe unseres Hausmädchens eine Liste von Vokabeln anzulegen, und schrieb sie in deutscher Sprache nieder. –

Nach der Konfirmation, die mir eine Bestätigung des inzwischen schon innerlich vollzogenen Gelübdes war, gingen wir nach Miechowitz zurück. Mein kleines Stübchen wurde nun mein Heiligtum, und da ich noch schwach war und nicht viel gehen konnte, war ich oft allein. Mit niemandem wagte ich über das Geheimnis meines Herzens zu sprechen, kannte ich doch auch niemand, der das gleiche erfahren hatte. Da gab mir Gott einen Freund in meine Einsamkeit. Es war der alte Mönch Tauler* von Straßburg, dessen Predigten und beigefügte Schriften ich beim Ordnen des Museums meiner Mutter fand. Auf dem Titelblatt wies Johannes

*Tauler lebte und lehrte ums Jahr 1340.

der Täufer mit dem Finger auf das Lamm Gottes, das der Welt Sünden trägt. Dieses Bild ergriff mich wunderbar, so daß ich das alte Buch mit in mein Stübchen nahm, und manche Stunde hat der alte Gottesfreund dort mit dem unwissenden jungen Kind geredet über das Geheimnis der Vereinigung mit Gott durch das Absterben des alten Menschen und die Verleugnung aller Welt- und Selbstliebe.

Zwei Augenblicke aus jener Zeit sind mir bedeutungsvoll geblieben, weil da aufs neue klar und bestimmt eine göttliche Berufung an mich herantrat.

Von der Hand meiner Mutter geschrieben, las ich in stiller Stunde folgende Worte aus dem Propheten Jesaja, die ich bis dahin noch nicht kannte:

»Brich dem Hungrigen dein Brot, und die im Elend ohne Obdach sind, führe ins Haus! Wenn du einen nackt siehst, so kleide ihn, und entzieh dich nicht deinem Fleisch und Blut! Dann wird dein Licht hervorbrechen wie die Morgenröte, und deine Heilung wird schnell voranschreiten, . . . Dann wirst du rufen, und der Herr wird dir antworten. Wenn du schreist, wird er sagen: Siehe, hier bin ich. Wenn du . . . den Hungrigen dein Herz finden läßt und den Elenden sättigst, dann wird dein Licht in der Finsternis aufgehen, und dein Dunkel wird sein wie der Mittag. Und der Herr wird dich immerdar führen und dich sättigen in der Dürre und dein Gebein stärken. Und du wirst sein wie ein bewässerter Garten und wie eine Wasserquelle, der es nie an Wasser fehlt. Und es soll durch dich wieder aufgebaut werden, was lange wüst gelegen hat, und du wirst wieder aufrichten, was vorzeiten gegründet ward . . . « (Jes. 58, 7–12).

»Und ich hörte, die Stimme des Herrn, wie er sprach: Wen soll ich senden? Wer will unser Bote sein? Ich aber sprach: Hier bin ich, sende mich!« (Jes. 6, 8).

Ich übergab mich ihm aufs neue, bereit zu jedem Auftrag, seine Befehle erwartend.

Ein andermal saß ich allein mit meinem alten Tauler. Da kam ganz plötzlich ein überwältigendes Bewußtsein von der Gegenwart Gottes über mich, so daß ich auf mein Angesicht niederfiel. Ohne jede Verbindung mit dem vorher Gelesenen und ohne je etwas Ähnliches von anderen gehört zu haben, gelobte ich mich ihm zu seinem ausschließlichen Dienst und bat ihn, mich vor jeder irdischen Liebe zu bewahren und alles von mir fernzuhalten, was mich je von seinem Dienst abziehen oder darin hindern könnte. Seit jener Stunde wußte ich, daß es für mich keinen anderen Weg mehr gab. Ich brach jede Brücke hinter mir ab, es gab kein Zurück mehr, nur noch ein Vorwärts zum Siegen oder Sterben im Namen des Herrn.

Äußerlich führte ich das Leben einer Haustochter auf dem Lande, ohne geregelte Arbeit, mit Spazierfahrten und -gängen, kleinen Familienpflichten und viel Zeit zu persönlicher Verfügung. Wie ich mich nach ernster Arbeit sehnte! So gut es ging, beschäftigte ich mich selbst. Ich lernte stricken und nähen (erst jetzt mit 18 Jahren), nahm Unterricht in der polnischen Sprache und suchte nach geistlicher Nahrung, wo ich sie nur finden konnte.

Erfüllte Sehnsucht

Volk meiner Heimat in Nebel und Rauch,
dir bleib' ich treu bis zum letzten Hauch!
Ich habe mein Herz und mein ganzes Leben,
meine Kraft, meine Liebe dir hingegeben;
dein will ich sein bis zum letzten Hauch,
Volk meiner Heimat in Nebel und Rauch.
Vater im Himmel, Du hast es gehört,
Du hast mir das Wollen, das heiße, beschert;
so gib Deinen Segen nun auch zum Vollbringen;
o laß, Herr, das Werk meines Lebens gelingen!
Laß dienen mich treu bis zum letzten Hauch
dem Volk meiner Heimat in Nebel und Rauch!

Zunächst gab es aber nur *eine* Gelegenheit, mit dem Volk meiner Heimat in irgendeine Verbindung zu treten, und zwar eine sehr kleine. Wenn die Mittagsglocken läuteten, huschte ich aus meinem Stübchen die Treppe hinunter in den Küchenflur. Die große eichene Tür des Vorraums öffnete sich, und herein kamen sie – gebückt vom Alter und von der Last des Lebens, manche hinkend an Stöcken und Krücken oder blind, von einem Kind geführt, meine geliebten Armen, die zwölf ältesten und ärmsten des Dorfes. Die alten Frauen in große polnische Tücher gehüllt, einige auch mit der uralten Pelzhaube, die greisen Männer in ihren zerrissenen oder grob geflickten Röcken, es war ein Anblick, der immer wieder von neuem mein Herz bewegte. Dann brachte ein starkes Küchenmädchen den großen eisernen Suppentopf, und ich durfte nun austeilen. Es war eine wunderbare Suppe, die alle Reste der Küche des großen Haushalts enthielt, und alle Sorten von Geschmack und Farbe waren darin vereinigt; Knochen, Speckschwarten, Brot und Kartoffeln machten die festeren Bestandteile aus. Waren die Töpfe gefüllt, so humpelten sie dann wieder zum Schloßtor hinaus, um in ihren armseligen Hütten ihr Mittagsbrot zu verzehren. Oft sah ich ihnen noch lange nach und wäre gern mit ihnen gegangen in Armut und Elend, wenn ich ihnen die Last des Lebens hätte erleichtern können und ihnen hätte dienen dürfen. Aber noch war es für mich eine verschlossene Welt.

Eines Tages erzählte mir das Küchenmädchen von einem kleinen Jungen, einem halbverhungerten Trinkerkind, das aus dem Ausguß die Abfälle gegessen hatte. Bald traf ich das blasse, zerlumpte Kind unten im Küchenflur, und mein ganzes Herz entbrannte vor Mitleid für den kleinen Norbert. Heimlich nahm ich ihn mit hinauf in meine Stube, wusch und kämmte ihn und beschloß, für ihn zu sorgen. Eine alte Suppenfrau, die einzige, die etwas Deutsch verstand, sollte ihn zu sich nehmen, und ich wollte ihr dafür die Hälfte meines Taschengeldes geben und für seine Kleidung sorgen. Ein Waldkleid aus grünem Tuch wurde zerschnitten, und ich machte einen sehr ungeschickten Versuch, es in ein Paar Höschen zu verwandeln. Glückselig, aber immer in der Furcht entdeckt zu werden, arbeitete ich daran. Es war so schön, für ein Wesen in der Welt sorgen zu können! Aber diese Freude sollte von kurzer Dauer sein.

Eines Tages begegnete mir der Amtsvorsteher des Dorfes, und ich bat ihn, mir bei der Unterbringung des Jungen behilflich zu sein. Er versprach es und ging dann wegen anderer Geschäfte zu meinem Vater.

Am anderen Morgen beim Frühstück wurde mir alles verboten. Ich durfte nicht mehr hinunter in den Küchenflur und niemand aus dem Dorf sprechen und keinem

Hungrigen mehr Brot geben. Die angefangenen grünen Höschen wickelte ich zusammen und steckte sie in den Flickensack der Nähstube. Das war wie ein Begräbnis.

Mein Leben schien mir so leer und nutzlos, und ich dachte manchmal, wenn ich stürbe, würde ich keine Lücke hinterlassen. Daß Gott oft erst jahrelang in die Stille führt, um seine Werkzeuge zuzubereiten, verstand ich damals noch nicht; auch daß mein lieber Vater seine weisen Absichten dabei hatte, als er mir mit scheinbarer Härte in den Weg trat, habe ich erst später eingesehen.

Zu jener Zeit fing ich an, Biographien zu lesen, und versuchte meinen Charakter zu stählen und zu entwikkeln durch allerhand kleine Übungen der Selbstüberwindung, damit ich einmal im Leben im Dienst Gottes und der Menschen fähig sein konnte, einen Platz auszufüllen. Da ich von Natur sehr schreckhaft war und nicht den geringsten Anblick von Blut und dergleichen ertragen konnte, versuchte ich mich an »Schreckliches« zu gewöhnen. Als einmal auf dem Lande bei meiner Schwester Helene, die meine einzige Vertraute war, ein edles Pferd verunglückte und erschossen werden mußte, ging ich in die Scheune, in der der Abdecker seine grausige Arbeit tat, und sah zu, wie dem toten Pferd das Fell abgezogen wurde.

Auch fing ich damals an, auf persönliche Dienste beim An- und Auskleiden zu verzichten und mein Zimmer selbst in Ordnung zu bringen, um in allen Dingen freier und selbständiger zu werden.

Das Wichtigste in jener Zeit war aber, daß ich anfing zu lernen, Gott Unmögliches zuzutrauen. Ich betete und glaubte an die Erhörung, wenn ich auch nichts sah als völlige Aussichtslosigkeit bezüglich der Erfüllung meiner Wünsche.

Im Jahr 1885 durfte ich die Anstalt Bethel bei Bielefeld

besuchen, und es kam mir vor, als wäre ich in eine andere Welt versetzt. Hier konnte ich sehen, was Glaube und Liebe vermag. Innerlich gestärkt und mit neuem Mut erfüllt, reiste ich weiter zu meinen Geschwistern nach Düsseldorf, wo ich einige Wochen bleiben sollte. Eines Tages machte ich mit meinem Schwager einen weiten Gang nach Grafenberge. Er sprach über die soziale Lager der Arbeiter und verglich die Verhältnisse in Oberschlesien mit denen im Rheinland. Mein Herz brannte vor Verlangen, dem Volk meiner Heimat zu helfen und das Los der Armen erträglicher zu machen. Aber was konnte ich tun, ich, ein schwaches Mädchen! In dem Augenblick hätte ich viel darum gegeben, hätte ich nur ein Mann sein können, um Leben, Gaben und Kräfte in den Dienst einer solchen Aufgabe zu stellen. Unterdessen hatten wir die vom Grafen Recke-Volmarstein gegründete Rettungsanstalt Düsseltal erreicht. Inmitten der vielen kleinen Häuschen eines ehemaligen Trappistenklosters erhob sich ein hohes Kreuz. Die Sonne ging unter, und ihre Strahlen vergoldeten die Gestalt des Erlösers, dessen ausgebreitete Arme die ganze Welt zu umfassen schienen. Es war mir wieder, als riefe er mich in seinen Dienst, und alles in mir antwortete: »Hier bin ich – sende mich!« In meinem Zimmer angekommen, schrieb ich auf einen Zettel: »Der dir das Wollen gab, schlägt dir das Können nicht ab, den 25. August 1885.« – Dies Wort hat mich nachher oft gestärkt, und ich habe mir das kleine Blatt bis heute aufgehoben. Als ich einige Monate später nach Miechowitz zurückkehrte, schrieb ich auf die andere Seite des Zettels: »Alle Dinge sind möglich bei Gott.«

Zu meinem Geburtstag wünschte ich mir als einzige Gabe die Erlaubnis, in Bielefeld bei Pastor v. Bodelschwingh die Krankenpflege lernen zu dürfen. Und wirklich erhielt ich von meinem Vater die schriftliche Zusage unter der Bedingung, daß meine Freundin Gräfin Lisa Zedlitz mich begleiten würde. Durch sie war ich gerade mit Bethel in Berührung gekommen, und gern versprach sie, im nächsten März mit mir dorthin zu gehen, da sie selbst auch die gleiche Absicht hatte. Ich durfte sie nun in Posen besuchen und war glücklich, jemanden zu haben, mit dem ich über das sprechen konnte, was mich erfüllte.

Eines Abends waren wir mit der Oberin des Diakonissenhauses beim Generalsuperintendenten zum Tee eingeladen. Es klingelte, und die dringende Bitte um eine Nachtwache wurde ihr überbracht. Betrübt erklärte sie, keine Schwester geben zu können, da schon alle durch das viele Wachen zu ermüdet seien.

Mir stockte fast der Atem, und dann überwand ich meine Schüchternheit und bat, die Wache übernehmen zu dürfen. Freundlich ging die Oberin darauf ein, und nun wurde ich ins nahe Diakonissenhaus geführt und als Schwester eingekleidet. Ach, ich war glücklich! Ein Diener brachte mich draußen vor das Tor der Festung, klingelte und verschwand, und da stand ich nun im fremden Haus zum erstenmal im Schwesternkleid, bereit, alles zu tun, was man von mir verlangen würde. Meine Patientin war eine alte, herzkranke Dame, die an Atemnot litt; ihre beiden Töchter waren Lehrerinnen. Es war eine große Freude für mich, der lieben Kranken kleine Dienste zu erweisen; aber schwierig war es, die rechten Antworten auf die vielen Fragen zu finden, die an mich über die Dauer meiner Berufszeit usw. gerichtet wurden. Anstatt zu schlafen, fing die eine Tochter immer wieder ein Gespräch mit mir an, und ich schwebte fortwährend in der Angst, sie könnte herausfinden, daß ich eigentlich nur eine verkleidete Schwester sei. Aber es ging doch wunderbar gut, und sehr befriedigt kehrte ich von meiner ersten Nachtwache heim.

Als ich wieder in Miechowitz war, durfte ich eine kleine Nähstunde für Kinder aus dem Dorf und Hof anfangen. Es waren nur acht kleine Mädchen, aber es war in meinen Augen schon etwas Großes. Gottes Werke fangen ja meist sehr klein an. Diese Nähstunde war eigentlich das Samenkorn, aus dem sich später der Friedenshort entwickelte. – Mein Vater beobachtete mich im stillen, und obgleich ich nie von meinen Wünschen und Hoffnungen für die Zukunft sprach, merkte er doch, daß ich in den Jahren des Wartens innerlich fest geblieben war.

Eines Tages saß ich bei ihm und nähte Röcke für die Armen. Mein ältester Bruder war im Zimmer, während der Vater am Schreibtisch saß. Er rief mich zu sich und sagte zu seinem Sohne: »Wenn ich es nicht mehr tun sollte, so baue der Eva ein Haus für ihre Armen.« Ganz überwältigt küßte ich seine liebe Hand. Dann eilte ich in mein Stübchen, um allein zu sein mit Gott. Unter Freudentränen schrieb ich folgende Verse:

Wenn du einen Wunsch im Herzen hast,
getragen lang und verborgen,
und mußtest dran denken ohn Ruh und Rast,
drum beten, hoffen und sorgen,
und es wird dir auf einmal dein Wunsch dann
gewährt
über Bitten weit und Verstehen,
und du weißt es, es hat dich der Herr erhört,
und es ist wie ein Wunder geschehen –
dann kommt es wie leuchtende Frühlingspracht
hinein in das Herz dir gezogen
und will dort keimen und blühen mit Macht

und jubelnd wallen und wogen.
Und überströmt es voll heißem Dank –
stumm sinkst auf die Knie du nieder.
Ich glaube – dein ganzes Leben lang
vergißt du *die* Stunden nicht wieder.

Frei zum Dienst

Endlich nahte der ersehnte Augenblick – ich durfte nach Bielefeld! Aber erst noch zu meinen Geschwistern an den Rhein, auf meines Vaters Wunsch. So lieb sie mir waren, so schien mir doch jeder Tag zu lang, der mich noch von dem Eintritt ins Mutterhaus trennte. Und schließlich reiste ich einen Tag vor meines Schwagers Geburtstag ab, nicht ahnend, welche Folgen diese Ungeduld für mich haben konnte. Es würde zu weit führen, all die Eindrücke zu beschreiben und all die Erinnerungen, die mir heute nach fast 30 Jahren noch lebendig vor der Seele stehen. Nach der völligen Abgeschlossenheit meiner 20jährigen Jugendzeit und der lange zurückgedämmten Sehnsucht nach Arbeit und Entfaltung der zum Dienst bereiten Kräfte war es etwas fast Überwältigendes, nun als eine von vielen mit eintreten zu dürfen in ein großes Werk, wenn auch nur als Lernende. Die ungewohnte Lebensweise, die kleinen Gelegenheiten zur Selbstüberwindung – alles erhöhte nur den Reiz, und selbst die körperliche Anstrengung, die jeden Muskel schmerzen machte, war eine Quelle der Freude. Nun durfte ich ja endlich arbeiten, brauchte nicht mehr müßig meine Tage zuzubringen und hatte eine Pflicht zu erfüllen, die dem Leben einen ganz neuen Wert verlieh.

Wenn ich doch aus dieser eigenen Erfahrung heraus ein Wort reden dürfte für die Töchter jener Kreise, bei denen die Notwendigkeit ernster Arbeit, sei es zum Broterwerb oder zur Vorbereitung auf einen Beruf, fehlt! Nicht das Mädchen im Dienst und in der Fabrik bedaure ich, nicht die Seminaristin oder die vielbeschäftigte Tochter im Dienst der Familie, aber mit tiefem

Mitleid denke ich an die Töchter der höheren Stände, die ohne Pflicht und Aufgabe, ohne wirkliche Arbeit den Tag zubringen müssen mit beschäftigtem Müßiggang! Sport, Handarbeit, Unterhaltung und Vergnügen, Liebhabereien in Kunst und Wissenschaft und leichte Lektüre können das Leben nicht ausfüllen, das Herz nicht befriedigen, den Charakter nicht bilden. Genuß ohne ernste Pflichterfüllung wird zum Überdruß. Ungeübte Kräfte verkümmern, verlorene Jugendjahre können nicht wieder nachgeholt werden. Mädchen ohne geregelte, sinnvolle Arbeit sind zu bedauern, noch mehr solche, die die Öde eines nutzlosen Lebens nicht empfinden, weil sie, durch Genußsucht und Selbstsucht entkräftet, unfähig sind zum Erfassen einer wirklichen Lebensaufgabe. Wie manches schwächliche, unbefriedigte, nervöse Mädchen würde stark und frisch werden, wenn sie Gelegenheit hätte, sich selbst zu vergessen über etwas Besserem, für das sie Leben und Kräfte einsetzen könnte! »Ein unnütz Leben ist ein früher Tod!«

O Mütter, seid barmherzig mit euren Kindern und gebt ihnen Arbeit!

Wie habe ich es meinem Vater gedankt, daß er mich für den Dienst freigab!

Doch erst gab es noch Tage, in denen es schien, als sollte ich dies gerade erlangte Glück wieder verlieren.

Es war am Sonntag nach meiner Ankunft, als ich dem »Schwesterntag« beiwohnen durfte und von Pastor von Bodelschwingh selbst als »freie Hilfsschwester« aufgenommen wurde. Zum erstenmal im Schwesternkleid mit der kleinen Haube und eingereiht in die große Schar, durfte ich den innigen Worten dieses Mannes lauschen, der wie kein anderer reden konnte von dem, was seines Lebens Inhalt und Kraft war, von dem Sohn Gottes, der in Knechtsgestalt über die Erde ging und uns diente, damit wir ihm wieder dienen dürfen in den Elenden und Armen. Er konnte uns das Ideal der Liebe, die das eigene Leben für die Brüder lassen kann, greifbar vor die Augen stellen, und er selbst war uns die sichtbare Verkörperung dieser Liebe. Erfüllt von dem Erlebten und Gehörten, aber vom Fieber geschüttelt, mit starker Halsentzündung, öffnete ich nachher einen Brief meines Vaters. Ich las und las und konnte die Worte kaum fassen. Er schrieb ernst. Meine Abreise von Düsseldorf vor dem Geburtstag meines Schwagers erschien ihm wie eine Verletzung der Rücksichten gegen die eigene Familie, und er bedauerte, mir die Erlaubnis gegeben zu haben, meiner Neigung zu folgen. In der Stille des Krankenstübchens konnte ich alles innerlich verarbeiten. Über meinem Bett hing der Vers: »Laß deine Hand mich fest umfassen, dann – wie du willst – ich folge dir! Nur mußt du deine Hand mir lassen und deinen Segen über mir, und deine Augen, die mich leiten – nur wie du willst – nicht wie ich will, und deine Hände mußt du breiten mir auf das Herz – so wird es still.« Und es wurde still. Ich schrieb meinem Vater, ich sei bereit, wieder nach Hause zu kommen und so lange zu warten, bis er mir selbst freudig die Erlaubnis geben würde. Ohne seinen Segen und sein volles Einverständnis wollte ich diesen Weg nicht gehen, und ich erwartete seinen Befehl.

Die Antwort kam und solch eine Antwort – voll väterlicher Liebe und Güte! Die Erlaubnis, in Bielefeld die Krankenpflege zu erlernen, wurde wiederholt, und ein herzlicher Segenswunsch schloß den Brief meines geliebten Vaters. Nun durfte ich mit ungetrübter Freude all das Gute genießen, das mir geboten wurde, und die acht Monate Lehrzeit gingen nur zu schnell vorüber. Es war mir, besonders in den ersten 14 Tagen, wie ein Wunder, daß alle so viel Geduld und Nachsicht mit mir hatten, und ich nicht als zu ungeschickt und unbrauchbar fortgeschickt wurde. Manche treuen Augen, die damals über mir wachten, haben sich inzwischen geschlossen. Ich kann ihnen nicht mehr danken; aber ich freue mich, es in der Ewigkeit tun zu können. Möge Gottes Segen auch in Zukunft auf den Stätten ruhen, die mir damals zu so großem Segen geworden sind!

Anfang Dezember rief mein Vater mich nach Berlin. Ich konnte mich kaum losreißen, so lieb war mir alles geworden, und das Einleben in die so ganz andere Lebensweise zu Hause fiel mir nicht leicht. Mein lieber Vater versuchte noch einmal, mich für die Welt zurückzugewinnen; aber es war nur noch eine kurze Probe, dann gab er mich frei. Eines Tages beim Frühstück war der große Geschwisterkreis versammelt, und es wurde beschlossen, am Abend gemeinsam in ein Lustspiel zu gehen. Mein Vater zählte am Tisch die Anzahl der Plätze und zählte mich mit! Ich erschrak. Es war mir, als könnte und dürfte ich nicht mit, und doch, wie sollte ich es wagen, dies dem Vater zu sagen! Sobald ich konnte, eilte ich in mein Stübchen und bat den Herrn, dem ich so gern nachfolgen wollte, um Mut und Kraft, meinem Vater zu sagen, daß ich nicht mit ins Theater möchte. Als ich einige Minuten später mit klopfendem Herzen in seine Stube ging und mir überlegte, wie ich diese schwierige Sache nur sagen sollte, da kam mir mein Vater entgegen und sagte scherzend: »Eva, ich muß schon wieder ein Opfer von dir fordern, du darfst heute nicht ins Theater!« Mit einem Freudenschrei flog ich ihm um den Hals, und sehr erstaunt fragte er: »Wolltest du denn nicht gern?« Und nie wieder hat er mich dazu aufgefordert.

Anfang Februar 1888 saß ich abends in Vaters Stube, während er seine Zeitung las. Ganz unvermittelt legte er das Blatt weg und sagte: »Eva, wenn du jetzt nach Miechowitz zurückgehst, kannst du deine Arbeit im Dorf anfangen!« Kann man verstehen, was dies Wort für mich bedeutete? Ja – alle Dinge sind möglich bei Gott!

Freude im Dienst

Es war eine glückliche Zeit, die nun anbrach. Der 27. Februar 1888, an dem ich zum erstenmal ins Dorf gehen durfte, bleibt mir unvergessen. In den unteren Räumen des Schlosses, dicht an der großen Terrasse, hatte mir mein Vater zwei Zimmer einrichten lassen für meine Nähkinder und zum Verbinden der Kranken. In diesen Räumen begann eigentlich der Friedenshort, obgleich sie damals auf Wunsch meines Vaters den Namen Eva-Heim trugen.

Das Dorf war mir eine unbekannte Welt, aber ich lernte sie sehr schnell kennen. Die Nähkinder trugen dazu bei, indem sie mich baten, ihre kranken Angehörigen zu besuchen. Kaum wurde es im Dorf bekannt, daß ich zu den Kranken ging, kamen von allen Seiten die Bitten und Einladungen, in die Häuser und Hütten hereinzukommen.

Da lernte ich bald viel Krankheitsnot und auch viel Armut kennen. Eine ganze Anzahl Kinder gingen ohne Frühstück in die Schule und bekamen erst zu Mittag etwas Warmes. Zu diesen Kindern gehörten auch meine Nähkinder Ulka, Hanka und Rosallka. Ich fragte meinen Vater, ob ich ihnen jeden Morgen ein Frühstück geben dürfe. Seine Antwort war charakteristisch: »Man muß nie Wohltaten tun, die einen nichts kosten. Wenn du von deinem Taschengeld (20 Mark) das Mehl, Salz und Brot kaufen und die Suppe selbst kochen willst, so kannst du es tun.« Als Ort wurde mir ein Raum im Gesindehaus angewiesen, wo für die Kühe das Futter gekocht wurde. Nur eine Stallaterne erhellte den düsteren, zugigen Raum; aber es war doch eine Wonne, den 20–30 hungernden Kindern, die fröstelnd in den dünnen Röckchen und Jäckchen sich um mich drängten, die heiße Suppe und das Brot austeilen zu dürfen. Eines Morgens erschien mein Vater in aller Frühe bei uns, sah den ungemütlichen Raum und erlaubte uns, das Kinderfrühstück in den Küchenflur des Schlosses zu verlegen. Den Rest der Mehlsuppe goß ich in eine große Blechkanne, und einen Henkelkorb mit Medizin, Tee, Verbandzeug und allerhand Hausmitteln am anderen Arm, wanderte ich durchs Dorf von Haus zu Haus und ließ überall bei den Kranken und Armen ein Töpfchen Mehlsuppe zurück. Manches ergreifende Bild aus jener Zeit hat sich mir eingeprägt. Einen Arzt gab es damals noch nicht in dem großen Dorf, auch keine Schwester oder Pflegerin. Seit meine Mutter nicht mehr für die Armen und Kranken sorgte, hatte sich niemand um sie gekümmert, und ihre Liebe und Dankbarkeit für die kleinen Dienste, die ich ihnen leisten durfte, war rührend. Freude und Leid mußte ich mit ihnen teilen, die Kinderchen zur Taufe geleiten und die Toten in den Sarg betten. Wie lernte ich da die Armut lieben, die mir damals so oft entgegentrat in ihrer rührenden Anspruchslosigkeit und Einfalt! An manches winzige Witwenstübchen denke ich noch gern zurück und auch an das alte Ehepaar Slatek, dessen Dachkämmerchen immer sauber und blitzblank war, eine Stätte sonniger Zufriedenheit, obgleich die beiden in äußerster Dürftigkeit lebten und die alte Frau gelähmte Arme hatte. Natürlich gab es auch Fälle von Unordnung und selbstverschuldeter Not; aber der sittliche Zustand des oberschlesischen Volkes war damals doch ein ganz anderer als heute, und der Vergleich von einst und jetzt kann einen, der so unter und mit dem Volk gelebt hat wie ich, nur tief traurig machen. Auch viel Krankheits- und Sterbensnot habe ich mit durchlebt und manchem Kind die Augen zugedrückt.

Nach volkstümlichen Brauch zündete die Mutter zuletzt die Sterbekerze an und gab sie ihrem Liebling in die kleine Hand, die sie mit der ihrigen umschloß. Oft legte sie noch ein grünes Hochzeitsband oder die Schürze ihres Brautkleides auf das sterbende Kind, um ihm den Tod zu erleichtern. Deutlich erinnere ich mich noch eines achtjährigen Knaben, der sich selbst sein Sterbelicht hielt, bis sein Herz stillstand. Es war ein ergreifender Anblick.

Auf jenem dürft'gen Lager –
das Stroh ist kaum bedeckt –
liegt todesbleich und hager
ein Knabe hingestreckt.

Nur schwach schlägt noch sein Herze,
doch in der rechten Hand
hält er die Totenkerze
mit festem Griff umspannt.

Und ruhig, ohne Beben
er in die Flamme sieht –
Kind, weißt du, daß dein Leben
mit diesem Licht verglüht?

Ist dir denn gar nicht bange
vor diesem Todesstreit
und vor dem letzten Gange
hin in die Ewigkeit?

Du kämpfst gleich einem Recken,
du tapfrer kleiner Held,
jetzt ohne Furcht und Schrecken
den schwersten Kampf der Welt.

Du hältst dem Tod entgegen
das helle Sterbelicht
wie einen Siegesdegen
und zagst und zauderst nicht.

Still muß das Haupt ich senken
und falte leis die Händ;
Gott woll auch einst mir schenken
solch sel'ges, tapfres End!

Wenn ich an jene Zeit zurückdenke, kann ich nur staunen, mit welcher Güte und Treue Gott mich geleitet hat. Es war ja niemand da, der mich hätte beraten und unterweisen können, und meine Unerfahrenheit war groß. Da hätte ich manchen Schaden anrichten können, wenn er nicht seine bewahrende Hand darüber gehalten hätte. In allen ihren Nöten kamen die Leute zu mir. Oft war ich ratlos, aber ein Blick des Glaubens und die Frage: »Herr, was soll ich tun?« gab mir Ruhe und Sicherheit; der Erfolg war oft überraschend. Bald kamen sie auch aus entfernten Ortschaften, um sich von mir raten und helfen zu lassen. In ein buntes Taschentuch geknotet, brachten sie oft mehrere Flaschen und Fläschchen mit und erzählten mir nicht nur die eigenen, sondern auch die Leidensgeschichten ihrer Verwandten und Freunde in der Hoffnung, Linderung oder Heilung zu finden. Damals waren die Gesetze noch nicht so streng, oder sie waren mir unbekannt, und so half ich, so gut ich konnte, und hatte die Freude, durch einfache Hausmittel vielen in ihrer Not helfen zu dürfen.

Freude und Leid

So ging das Jahr dahin, und das Weihnachtsfest kam. Schon vorher flüsterte man mir zu: »Wenn du wüßtest, was du bekommst!« Was konnte es sein? Etwa ein richtiger Verbandschrank oder eine kleine Hausapotheke? Der Weihnachtsabend kam. Die Tür zur erleuchteten Blumenhalle, in der schon seit Kindheitstagen der hohe, strahlende Christbaum brannte, öffnete sich. Der Vater führte uns selbst an unsere Plätze. Auf meinem lag – der Plan von einem Haus! Was ich in diesem Augenblick empfand, läßt sich nicht beschreiben. Mein lieber, lieber Vater! So erfüllte er seines Kindes Wünsche, und lächelnd freute er sich an meinem Glück.

Und nun wurde der Plan näher betrachtet und erklärt, und dabei sah mein Vater, daß der Baumeister sich in der Himmelsrichtung geirrt hatte. Er hatte das große, freundliche Erkerzimmer, das mein Vater fürsorglich für mich bestimmt hatte, nach Norden verlegt; um den Fehler wieder gutzumachen, zeichnete mein Vater noch an demselben Abend auf den Plan einen entsprechenden Teil des Hauses in südlicher Lage, so daß das Gebäude um ein Drittel größer wurde, als ursprünglich geplant war. Es war ein glücklicher Irrtum! Der Mittelbau des Hauses war einstöckig gedacht, die beiden Seitenflügel zweistöckig. Auf der einen Seite sollte die Kapelle, auf der anderen ein großer Arbeitssaal sein, während die anderen kleinen und größeren Räume zu ebener Erde lagen. Nur eines dämpfte meine Freude an diesem Abend. Neben der großen, nach Süden gelegenen Erkerstube, die ich viel zu schön für mich fand, lag ein kleines Zimmerchen. »Da kannst du schlafen, wenn wir einmal verreist sind«, erklärte der Vater. »Du sollst als Vorstandsdame nur am Tag dich in deinem Hause aufhalten und alles anordnen und leiten, und abends kommst du wieder zu uns.« Ach, so hatte ich es mir nicht gedacht, wenn ich einmal ein Haus haben würde! Nicht »Vorstandsdame« wollte ich sein, sondern Schwester, Magd, Mutter, die alles mit den Pflegebefohlenen teilt und auch nachts für sie sorgen und, wenn nötig, für sie wachen kann. Aber »alle Dinge sind möglich bei Gott«, das tröstete mich wieder. Ich wagte es nicht, meinem Vater diese Gedanken und Wünsche zu sagen; aber ich sagte sie dem, der das Verlangen der Seinen hört und ihnen hilft.

Es war mir bewußt, daß mir zur Leitung eines Hauswesens noch viel fehlte, und so bat ich, noch einmal eine Lehr- und Übungszeit in Bielefeld durchmachen zu dürfen, was mir gern gewährt wurde. Mit Freuden eilte ich dem geliebten Bethel wieder zu und durfte noch manches lernen in Küche und Haushalt, was mir nachher nützlich war. Sogar eine kleine Verantwortung wurde mir übertragen, um mich für meine spätere Aufgabe vorzubereiten. In der Kinderheilanstalt in Salzuflen durfte ich unter der bewährten Aufsicht der Hausmutter eine Baracke leiten, in der die kleinsten Kinder untergebracht waren. Hier habe ich zum erstenmal etwas von der Wonne empfunden, armen Kindern wenigstens für Wochen die Mutter zu ersetzen.

Nach einigen Monaten kehrte ich heim, nicht ahnend, welcher schweren Zeit ich entgegenging. Seit kurzer Zeit hatte sich ein junger Arzt mit Frau und Kind in Miechowitz niedergelassen. Ich freute mich, denn nun brauchte ich doch die Verantwortung für die Kranken nicht mehr allein zu tragen. Als aber Anfang Juni einige ernste Scharlachfälle vorkamen, reiste die Doktorfamilie fort und kehrte nicht mehr zurück.

Die Krankheit griff um sich, und die Todesfälle mehrten sich. Kruppartige Diphtherie und typhöses Scharlachfieber wechselten mit anderen schweren Erscheinungen, und nur wenige Häuser blieben verschont. Jeden Sonnabend kam ein Arzt aus Beuthen, um Sprechstunde zu halten. Die Mütter brachten manchmal ihre kranken Kinder zu ihm, und ich meldete ihm die Zahl der neu Erkrankten. Er gab einige Anweisungen und Ratschläge und sagte dann meist: »Machen Sie nur so weiter; Sie wissen ja, was Sie zu tun haben.« So zog ich denn mit meiner Inhalationsmaschine von Haus zu Haus und tat, was ich nur wußte und konnte. Aber der Tod hielt eine reiche Ernte. Auch in dem Nachbardorf Karf brach die Krankheit aus, so daß ich auch dort viel zu tun hatte und mir kaum Zeit nehmen konnte, in Ruhe etwas zu Mittag zu essen. Dann ging es wieder weiter bis zum späten Abend, und oft habe ich noch bis in die Nacht Totenkleidchen für die Kinder genäht, um sie am anderen Tag in den Sarg zu betten. Das war den Müttern ein großer Trost.

Im Schloß war es leer und öde, die Eltern mit dem kleinen Stiefbruder für Monate verreist, und ich hatte niemand, mit dem ich die Leiden und Sorgen dieser Zeit teilen konnte. Als ich allein nicht fertig wurde, sehnte ich mich sehr nach einer Gehilfin. Da fiel mit Thekla ein, ein älteres Grubenmädchen, die von schwerer Genickstarre genesen war. Ich blieb vor ihrem Fenster stehen und rief: »Thekla!« Sie kam, und ich fragte sie, ob sie mir helfen wollte. »Ja«, sagte sie, »ich will mir nur Schuhe anziehen«; denn sie war, wie es in unserer Gegend allgemein Sitte ist, barfuß. Von dieser Stunde an hat sie mich nicht verlassen und hat mir durch die schweren Monate hindurch treu geholfen.

Über 230 Kinder haben wir in dieser Zeit gepflegt, und

72 davon mußten wir in den Sarg legen. Es regnete wochenlang, so daß wir oft kaum trocken wurden, und auch eine Ansteckung blieb nicht aus. Aber es war keine Zeit, an sich selbst zu denken, und jeden Morgen war wieder so viel Kraft da, um aufstehen zu können, und dann ging es mit Gottes Hilfe auch durch den Tag hindurch. Am Abend, wenn wir aus dem Dorf zurückkamen, war ich oft so müde, daß ich, von Theklas treuem Arm gestützt, im Gehen schlief.

Folgende Verse aus jener Zeit geben das Bild eines Tages wieder:

Herbstabend ist's. Ein letzter Sonnenschein
verglüht im West, ich sitze ganz allein;
öd ist's und einsam in dem großen Haus,
ich blicke in die Dämmerung hinaus
und lasse mir nochmals in meinem Sinn
die Bilder dieses Tags vorüberziehn.

Viel Tränen hab ich wieder heut gesehn,
an manchem Sterbebettchen mußt' ich stehn.
Wie rangen da die kleinen Streiter heiß,
das Haupt bedeckt mit mattem Todesschweiß,
bis endlich in der letzten Kampfesstund
der Todesengel küßt' den blassen Mund.

Vor Augen steht mir noch ein Kind so bleich,
das Köpfchen voller Locken, blond und weich,
stumm ist der Mund, die großen Augen flehn –
Luft – Luf! Doch ach – wir können keine geben!
Wie ist es schwer, solch Sterben anzusehn,
wie dunkel ist der Weg durch Tod zum Leben!

Im andern Bett, mit weißem Tuch bedeckt,
liegt schon die kleine Schwester hingestreckt.

Lang war sie krank und sollt' nicht mehr gesunden,
nun ist ihr wohl – sie hat schon überwunden.
Und während wir noch knien im Gebet,
durchs Zimmer leis der Todesengel geht,
und wieder ruft der Herr ein Kind von hinnen,
aus ist der Kampf, vorüber Angst und Not.
Zwei kleine holde Leichen stehn da drinnen –
Du arme, arme Mutter – tröst dich Gott!

Und weiter geht es an die nächste Tür;
der Vater selber kommt und öffnet mir.
Ein schneller Blick, und mir sinkt Herz und Mut;
zur höchsten Höhe stieg des Fiebers Glut.
Ein siebenjährig Mädchen ist's, es liegt
besinnungslos, der heiße Atem fliegt,
es wirft sich hin und her, es stöhnt und ächzt,
das Aug gebrochen, und die Lippe lechzt.
Die Eltern sehn mich still und traurig an,
sie wagen nicht wie sonst wohl mich zu fragen;
so mancher trübe, schwere Tag verrann
schon unter Fürchten, Hoffen und Verzagen.
Auch hier ist unsre Arbeit bald vollbracht,
es ruft der Herr Sein Kind noch vor der Nacht.

Ein ander Bild: Dort steht ein kleines Haus,
da trugen jüngst zwei Kinder sie hinaus,
und heute haben wir, die sie gepflegt,
auch noch das dritte in den Sarg gelegt;
wir haben es wie eine Braut geschmückt,
so lieblich lag es da im weißen Kleide,
den Myrtenkranz ins blonde Haar gedrückt,
o wie war uns das Herz so schwer vom Leide!
So still die Kammer und die Bettchen leer,
nun hat die Mutter keine Kinder mehr.

Es ist genug, ich will nun nichts mehr sehn,
will nicht mehr denken, was noch sonst geschehn,
ich will es still in Deine Hände legen.
O Gott, Du wendest auch dies Leid in Segen.
Wohl ist's den Kindern, die so jung schon sterben,
sie dürfen früh die Lebenskrone erben,
eh noch der sengend heiße Hauch der Welt
auf ihre jungen, reinen Herzen fällt.
Erbarm dich auch der Eltern, o mein Gott,
die heute Dir ihr Liebstes hingegeben.
Zieh sie zu Dir durch ihrer Kinder Tod!
Vereine sie aufs neu im ew'gen Leben!

Als die Epidemie im Spätherbst erlosch, war auch meine Kraft gebrochen. Die körperliche Anstrengung war ja nicht das Schlimmste, aber Tag für Tag die Leiden der Kinder zu sehen und den Schmerz der Eltern, besonders der Mütter, das ging über meine Kraft. Ich weiß, daß ich damals gern mein Leben für jedes dieser Kleinen hingegeben hätte, und ich bat oft den Herrn, er möchte mich heim nehmen und den Müttern ihre Kinder lassen. Aber er hatte noch Arbeit für mich.

Während die Epidemie im Dorf und in der Umgegend wütete, wuchsen die Mauern des Hauses aus der Erde heraus. Hin und wieder konnte ich es möglich machen, nach Feierabend allein in den Neubau zu gehen und betend zwischen Steinen und Balken den Segen Gottes auf jeden werdenden Raum herabzuflehen.

Dann kam eine lange Trennung. Es war nicht leicht, nach der großen, alle Kräfte anspannenden Arbeit in völlige Untätigkeit versetzt zu sein, und die nun folgende Zeit führte durch besondere Leidenstiefen. Auch das war nötig als Vorbereitung für den weiteren Dienst. Ohne diese Führungen hätte ich wohl nie die Erlösung und das Kreuz Christi recht erfassen können, und auch zum Verständnis für andere Leidende und Angefochtene ist mir diese eigene Erfahrung sehr wertvoll geworden.

Den Winter brachte ich bei meiner Schwester Fr. v. K. in Schwerin zu. Dort kam ein kleines Heftchen in meine Hand, das einen tiefen Eindruck auf mich machte. Es war die schlichte Entstehungsgeschichte eines Waisenhauses Emmaus, das von einer gläubigen Erzieherin im Vertrauen auf die Treue Gottes mit wenigen Talern begonnen wurde. In diesem kleinen Buch trat mir zum erstenmal die Macht des Glaubens auch in bezug auf irdische Versorgung und Durchhilfe vor Augen.

Im Mai wurde ich zur Sammlung neuer Kräfte nach Kohlgrub in Bayern geschickt. Dort lernte ich ein junges Mädchen kennen, dem ich viel von meinen Zukunftsplänen erzählen konnte. Sie hatte eine Freundin, die Tochter ihres Landpastors, unsere älteste Schwester Martha Magnus, und diese Begegnung wurde durch Gottes Fügung die Veranlassung zu deren späterem Eintritt in unser Haus. Kohlgrub war damals noch ein kleines Bad. Auf meinen Wegen fand ich nicht weit von unserem Haus eine alte, schlichte Rochuskapelle, die fast immer leer war und mir eine liebe, vertraute Stätte stiller Einkehr wurde. Sie lag im Tal, und ein einsamer Fußpfad führte dahin.

Es steht ein hohes Kreuz am Weg,
und wenn ich dran vorübergehe
auf steilem, fast vergeßnem Steg,
so wend' ich meinen Blick zur Höhe

und sehe in das Angesicht,
das totenbleiche, dorngekrönte,

das Bild des Heilands, der auch mich
durch Seinen Tod mit Gott versöhnte.

Ich seh' Ihn unterm Himmelszelt
am Kreuz mit ausgespannten Armen,
als wollt' umfassen Er die Welt
und zu sich hinziehn voll Erbarmen.

Die Wasser rieseln leis im Grund,
die Bäume rauschen, Wolken ziehen –
mir ist's, als müßte ich zur Stund
an diesem Kreuz hier niederknien,

als müßt ich alles, was ich hab,
mein ganzes Herz, mein ganzes Leben,
Ihm geben, der mir alles gab,
ja der sich selbst für mich gegeben.

Und all mein Wesen, all mein Sein
und meines Herzens tiefstes Lieben
Ihm geben, den die Lieb allein
vom Himmel auf die Erd getrieben;

der, mich zu lösen aus dem Bann,
am Kreuze starb für meine Sünde.
O Heiland, nimm mein Opfer an,
sei gnädig Deinem armen Kinde!

Das erste Haus und seine Einweihung

So ging ein Jahr des Wartens und der Zubereitung seinem Ende entgegen. Der Hauptbau war vollendet, die innere Einrichtung besorgt und die Einweihung für den 29. September 1890 geplant. Auf meines Vaters besondere Anordnung waren nur zwei Betten für Kinder und drei für Erwachsene angeschafft worden. Es war ja sein Wunsch, daß die Arbeit nur im Kleinen geschehe und nur zur Not hin und wieder ein krankes oder verlassenes Kind Aufnahme fände.

Tagsüber sollten eine Anzahl schulentlassener Mädchen aus dem Arbeiterstand im Haus Anleitung in allen Arbeiten finden. auch für ein kleines Verbandszimmer war gesorgt, in dem der Arzt seine Sprechstunden halten sollte. Ein Arbeitssaal für den Handarbeitsunterricht war vorgesehen, und im übrigen gab es ja in der Gemeinde genug zu tun, um meine Zeit und Kraft auszunützen.

Eines aber fehlte: eine Mitarbeiterin, die mit mir zusammen das kleine Werk beginnen sollte und mit der ich mir die verschiedenartige Arbeit teilen konnte. Ich hatte damals nur sehr wenige Beziehungen. Eine Reise nach Breslau, um mir dort eine Gehilfin zu suchen, war vergeblich. Die Zeit rückte näher, und noch war niemand da, der die Arbeit in Haushalt und Küche übernehmen konnte. Da meldete sich – ich weiß nicht auf welchem Wege – eine sogenannte freie Schwester, und in meiner Verlegenheit schrieb ich ihr eine Zusage.

Inzwischen rückte der Einweihungstag heran, der von einigen mein Hochzeitstag genannt wurde. Und mir war auch nicht viel anders dabei zumute, bedeutete es doch für mich die Erfüllung meines heißesten Herzenswun-

Blick auf Kirche und Zionsstille

Das erste Haus »Friedenshort«

sches und sollte doch damit ein wichtiger Abschnitt meines Lebens beginnen. Mein kleiner Stiefbruder Raban fragte mich ganz neugierig: »Schwester Evchen, gibt es auch Kuchen zu deiner Hochzeit?« Den gab's nun zwar nicht, aber ein Hochzeitsmahl war doch vorgesehen. Neunzig der Ärmsten aus unseren Dörfern sollten an der Freude dieses Tages teilnehmen – alte Bettler und Bettlerinnen, wie man sie heute kaum noch findet, wie sie aber damals in Oberschlesien in großer Zahl vorhanden waren. Darunter natürlich vor allem meine Freunde von der Armensuppe, die jetzt auch in unser Haus verlegt werden sollte, und all die vielen lieben alten Väterchen und Mütterchen, die Krüppel, Lahmen und Blinden, mit denen mich mein Dienst in irgendeiner Weise zusammengeführt hatte.

Gleichzeitig sollte aber auch die Einweihung der Kapelle stattfinden durch den Superintendenten aus Beuthen und damit der Anfang gemacht sein zu regelmäßigen 14tägigen Sonntagsgottesdiensten für die kleine evangelische Gemeinde, die damals nur 47 Seelen zählte.

Der Tag kam, das neue Haus war schön geschmückt. Draußen versammelte sich eine große Volksmenge, und dann übergab mir mein Vater den Schlüssel des Hauses, mit dem ich im Namen des dreieinigen Gottes die Tür öffnete. Nun ging's hinauf in die Kapelle zum Weihegottesdienst, in dem ich zugleich als Hausmutter vor dem Altar eingesegnet wurde. Eine eigentliche Schwesterntracht durfte ich damals noch nicht tragen; aber schon seit Jahren erlaubte mir mein Vater, ohne Rücksicht auf die Mode und ohne Schmuck ein schlichtes Kleid zu tragen nach Schwesternart.

Als Segenswort hatte ich mir das große Kapitel 58 des Propheten Jesaja erbeten, welches meine persönliche Berufung gewesen war, und das Lied: »Jesu, geh voran auf der Lebensbahn!« war mir ein inniges Flehen, und ich erinnere mich noch, wie gerade der Vers: »Soll's uns hart ergehn, laß uns feste stehn und auch in den schwersten Tagen niemals über Lasten klagen,« mir eine Vorahnung gab von manchem Schweren, das kommen würde, aber auch von der Kraft Gottes, die mir helfen würde, ohne Klagen durch alles hindurchzugehen.

Während dieser schlichten Feier hatte sich in dem gegenüberliegenden Arbeitssaal, der als Fest- und Hochzeitssaal geschmückt war, die Schar der Gäste versammelt. Da saßen sie alle erwartungsvoll, die alten Frauen in ihren großen wollenen Umschlagetüchtern, und ich glaube, jeder, ob Weib, ob Mann, hatte ein Töpfchen mitgebracht von verschiedenem Umfang, aber alle zu dem gleichen Zweck: die Reste des Mahles mit nach Hause zu nehmen. Ein Schwein und ein Kalb waren geschlachtet worden, Sauerkraut, Backobst und Klöße gab es in Hülle und Fülle und sogar Bier, da wir damals noch keine Blaukreuzler waren und ich die Gefahren des Alkohols noch nicht so erkannte. Meine jüngste Schwester und einige andere, die sich freiwillig erboten hatten, halfen beim Bedienen der Gäste, und es war eine Freude, zu sehen, wie es ihnen schmeckte. Immer wieder ließen sie sich die Teller füllen, und ehe ich's mich versah, waren sie wieder leer; denn sachte wurde das Tuch auseinandergeschlagen und der gehäufte Teller in das auf dem Schoß bereitstehende Töpfchen umgeschüttet. So schien der Appetit ein außerordentlich guter, und Schwein und Kalb und alle Vorräte verschwanden in verhältnismäßig kurzer Zeit. Die Freude der Alten war rührend. Solch ein Festmahl hatten sie wohl noch nie gehabt! Und gegen Schluß der Mahlzeit nahm eine beherzte Greisin das Wort und sagte, jetzt wäre ich ihre Mutter, und nun wolle sie mich nicht mehr Freliczka

(Fräuleinchen) nennen, sondern Mutterliczka (Mütterchen). Und dabei blieb es auch. Nachdem noch alle den 91. Psalm in Liedform auf polnisch gesungen und ihr Gebet verrichtet hatten, zogen sie wieder hinaus.

Bei aller Freude dieses Tages lag es doch wie ein leichter Druck auf meinem Herzen. Ich hatte ja ein kleines Stübchen, und darin stand auch ein Bett, wenn auch noch ohne Matratze und Zubehör. Aber ich durfte ja dort nicht wohnen und kam mir wie ein Gast im eigenen Hause vor. Und dann meine freie Schwester! Sie war ein oder zwei Tage vor der Einweihung gekommen, und ich kann nur sagen, ich fürchtete mich vor ihr. Ich selbst so klein, schüchtern, unerfahren, unbeholfen, sie groß, robust, stark, selbstzufrieden, überzeugt von ihrer Tüchtigkeit, mit kohlschwarzen Haaren und schwarzen, stechenden Augen. Wie würde die Zusammenarbeit sich gestalten!

So kam der Abend heran. Ich ging zum Tee ins Schloß hinüber und saß an meines Vaters Seite. Er war so besonders weich und zärtlich und sah mich hin und wieder mit einem eigentümlichen liebevollen Ausdruck an. Mit einemmal sagte er: »Eva, du siehst aus, als ob du noch einen Wunsch hättest.« Und da faßte ich mir ein Herz. Ich sprang auf, fiel meinem Vater um den Hals und sagte: »Ich kann ja keine Mutter sein, wenn ich nicht auch drüben bei meinen Kindern schlafe.« Nie habe ich den langen, wehmütigen Blick vergessen, mit dem mich mein Vater ansah. Einen Augenblick schwieg er, und dann sagte er nur das eine Wort: »Geh!« Ich umarmte ihn stürmisch und lief dann zur Tür hinaus, nicht achtend, daß die Mahlzeit erst halb beendet war, lief in meine Schlafstube, rollte Kopfkissen und Bettdecke zusammen und lief im Trab vom Schloß bis zu meinem Haus, nicht eher anhaltend, bis ich in meinem Stübchen ankam.

So hatte Gott also doch mein Gebet erhört; so durfte ich schon diese erste Nacht, nachdem ich nun als Mutter den Segen am Altar empfangen hatte, in dem Gott geweihten Hause schlafen! Nun war es erst richtig mein Hochzeitstag. Von Schlaf war allerdings in dieser Nacht nicht viel die Rede. Es war ein hartes Lager, keine Gardine am Fenster, und der Vollmond leuchtete hinein. Vor mir lag das neue, wunderbare Leben – was wird es bringen? Nun war ich frei zum Dienst, frei für Gott und die Armen! Da habe ich mich in dieser Nacht aufs neue ihm hingegeben und geweiht und die Stunden im Gebet und Flehen zugebracht, bis es Morgen wurde und ich aufstand, um mein Tagewerk zu beginnen. Ach, es war ein mühseliger Anfang, und es ist gut, daß man nicht alles vorher weiß, wie es kommt. Ob wohl viele Werke Gottes so kümmerlich anfangen wie der kleine Friedenshort? –

Aller Anfang ist schwer

So war nun der Friedenshort zur Welt gekommen und hatte sozusagen seine Taufe empfangen. Jetzt mußte er wachsen und werden, so wie ein kleines Menschenkind das auch durchzumachen hat, und das geht meist nicht ohne mancherlei Nöte und Schmerzen und allerhand Kinderkrankheiten. Es war ein überaus schwieriger Anfang. Denn es fehlte eigentlich noch an allem, an den richtigen Mitarbeitern, an der Erfahrung, an der Tüchtigkeit und auch sonst noch an vielen notwendigen Dingen. Vor meiner schwarzen Schwester hatte ich ordentlich Angst, und ich war recht erleichtert, als sie mir nach wenigen Tagen erklärte, hier könne sie nicht bleiben, sie wäre nicht gewöhnt, in einem Hause zu arbeiten, wo man die Kartoffeln in den Topf zähle! Nun, das war ja gewiß auch ein wunderbarer Eindruck, den sie bekommen haben mußte. Aber ich hatte doch noch zu wenig Übung und Übersicht, und da mein lieber Vater mir 3000 Mark Wirtschaftsgeld fürs ganze Jahr bewilligt hatte und ich voraussah, wieviel hungrige Münder zu füllen sein würden, da glaubte ich, von Anfang an sehr sparen zu müssen. Nun dachte ich, fünf Kartoffeln für jeden, das würde reichen, und zählte sie wirklich nach der Anzahl der Köpfe in den Eimer zum Schälen. Später habe ich das nicht mehr getan. Aber in diesem Fall war ich dankbar, daß es das Signal war für meine erste Mitarbeiterin, mich wieder zu verlassen. Außer ihr war nur noch Thekla – die Thekla aus der Diphtheriezeit, meine treue Gefährtin – mit ins Haus gezogen und hatte so allerhand kleine Posten, teils im Dorf, teils im Haushalt zu versehen.

Da nun die schwarze Schwester fort wollte, mußte ich

ja wieder jemand haben, um die Küche zu übernehmen. Eine Uhrmacherwitwe aus Beuthen stellte sich ein, ein freundliches Wesen, hausmütterlich und willig auf alles eingehend, katholischer Konfession. Ihre Hauptarbeit war das Kochen, das in der allereinfachsten Weise betrieben wurde.

Gleich am ersten Tage brachte ein Elternpaar, das ins Gefängnis nach Beuthen wanderte, mir ihre beiden Kleinen, Klärchen und Mäxchen; auch ein schwerkrankes Diphtheriekind wurde ins Haus gebracht, mußte isoliert werden und starb bald.

Das war eine Freudenstunde für mich, als ich am Tage nach der Einweihung nach Rokittnitz fahren durfte, um meine kleine, blasse verwachsene Freundin aus ihrem elenden Stübchen abzuholen. Schon seit Jahren kannte ich sie, und es waren oft Lichtpunkte in meinem Leben gewesen, wenn ich sie in ihrer Einsamkeit besuchen durfte. Mariankas Mutter war Witwe und verdiente für sich und das Kind den Lebensunterhalt durch Waldarbeit. Schon früh mußte sie hinaus, und da der Weg zu weit war, um mittags heimkehren zu können, ließ sie dem Kind ein Töpfchen mit schwarzem Kaffee und ein Stück Brot auf dem Bett zurück, bis sie abends von der Arbeit heimkehrte. Mariannchen hatte Kinderlähmung gehabt und war ganz verkrüppelt. Die Füße vollständig verbogen, wie flache Schwerter übereinandergelegt, der Rücken ausgewachsen, die Augen blind und die Hände schmal und dünn, kraftlos, zu keiner Beschäftigung fähig. An mehreren Stellen hatte sie eiternde Wunden, die unverbunden waren, und so lag das arme Mädchen jahraus, jahrein auf einem Bett, dessen Stroh nur mit einigen alten Männerröcken belegt war. Sie hörte nichts, sie sah nichts, sie nickte nur wie eine kleine Pagode mit dem Kopf und beugte ihren Oberkörper auf und nieder.

Wenn ich zu ihr kam, brachte ich ihr immer etwas mit, und dann las ich ihr, so gut ich konnte, ein wenig polnisch vor und suchte sie zu unterhalten. Sie zeigte wenig Verständnis, aber sie freute sich, und das war genug. Manchmal war die Tür abgeschlossen, so daß ich nur durchs Fenster zu ihr hineinsteigen konnte.

Nun sollte ein neues Leben für Mariannchen beginnen! Sie zog fast als erste in den Friedenshort ein. Ach, ich erinnere mich noch, mit welchem Glücksgefühl ich die liebe, leichte Last aus dem Wagen hob und hineintrug in das freundliche Zimmer, das nun Mariannches Heimat werden sollte. Es war die große Erkerstube, in der jetzt unser Klassenzimmer ist. Hier sammelten sich nun allmählich die ersten Kinder, die mir zu Pflege anvertraut wurden.

Zu den vorhandenen Kinderbettchen mußte ich sehr bald noch Holzwiegen machen lassen und einige Kinderwagen kaufen; denn es dauerte nicht lange, da füllte sich der Raum mit allerhand kleinen Wesen, die kein rechtes Zuhause hatten. Auch eine junge Witwe mit ihrem Kinde zog hinein und übernahm gewissermaßen den Dienst einer Kinderfrau.

Dann wurde mir tagsüber noch eine Anzahl Kinder gebracht von Müttern, die zur Arbeit gingen. Das war nun eine schwierige Sache, mit 12–14 ein- bis zweijährigen Kindern in einem kleinen Stübchen, in dem fast noch alles dazu Nötige fehlte. Auch eine richtige Aufsichtsperson, die etwas von Kinderpflege verstand, war nicht vorhanden, und ich mußte eigentlich überall sein und hätte mich vervielfältigen müssen, um allen Aufgaben jener Zeit zu genügen.

Da waren ja auch noch 6–8 Haushaltungsmädchen, meist Witwenkinder aus dem Dorf, Kinder, die bisher wenig Anleitung und Erziehung gehabt hatten, und oft stand ich ratlos da, wie ich ihnen die Grundlagen von Ordnung und Gehorsam beibringen sollte. Sie sollten bei der Hausarbeit helfen; aber sie bedurften beständiger Aufsicht, sonst waren sie schnell wieder von ihrer Arbeit fort, spielten und machten Dummheiten und nahmen sich untereinander ihre Besen und Wischlappen weg. Da dieses Wegnehmen eine tägliche Not war, kam ich auf den Gedanken, in einem Kellerraum eine Anzahl Lattenschränke anbringen zu lassen, mit Schlüsseln versehen, die jedes Mädchen um den Hals tragen mußte. Dieser Raum hieß die Besenparade. Am Abend zu bestimmter Stunde wurde geschellt, und dann mußte jedes Mädchen vor seinem Schrank stehen, um Eimer, Besen, Scheuerbürste, Handfeger, Schippe usw. vollzählig und in sauberem Zustand vorzuzeigen. Seit der Zeit tragen heute noch unsere Haushaltungsmädchen das schwarze Schlüsselband auf dem bunten Kattuntuch, welches zu einer Art Abzeichen ihrer Tracht geworden ist.

Es dauerte auch nicht lange, da kamen einige alte, gebrechliche, lahme Weiblein und baten um Aufnahme. Wie das leider in Oberschlesien vorkommt, waren sie von ihren Kindern verstoßen worden und wußten nun nicht, wo sie bleiben sollten. Sie zogen in ein Kellerstübchen im Friedenshort und gehörten mit zur Familie. Bald kamen auch kranke, unheilbare, schwerkranke Frauen, Wassersüchtige und Schwindsüchtige, die wochen- oder monatelang bei uns litten, bis sie starben.

Erschütternd war es mit der einen. Sie hatte nach mir geschickt, und ich fand sie in Rokittnitz in einem unsagbar elenden Zustand, ganz verlassen, ohne Pflege. Ihre Tochter ging auf bösen Wegen, vernachlässigte und verließ schließlich die Mutter. Eines Tages hatte sich die arme Alte mit Mühe aus dem Bett gewälzt, um auf allen vieren kriechend Wasser zu holen. Kraftlos war sie liegengeblieben, und als ich kam, waren an ihren Knien zwei große Wunden, weil sie so lange in dieser Stellung auf dem Boden zugebracht hatte. Schnell ging ich zurück, holte mir einen Wagen, packte Betten hinein, und dann haben wir mit unsäglicher Mühe den schweren, angeschwollenen Körper der Kranken in den Wagen hineingeschoben und in den Friedenshort gebracht. Es war eine sehr anstrengende Pflege, die Tag und Nacht alle Kräfte erforderte. Die arme Alte kam sich erst vor wie im Himmel. Sie erzählte, wie ihr Mann Trinker gewesen sei, wie sie schließlich, um ihm den Branntwein zu entziehen, selbst getrunken habe; »denn«, meinte sie, »es war ja schade, ihn fortzugießen«, und so hatte sie nichts als Jammer, Elend, Not und Sünde in ihrem Leben kennengelernt und schließlich bitteres Herzeleid durch ihr eigenes Kind erfahren.

Eines Tages kam die Tochter. Keine Spur von Reue, keine Bitte um Vergebung, stumpf und gleichgültig stand sie vor der sterbenden Mutter. Da hob die Alte drohend ihre Hand und verfluchte ihr Kind mit einem schrecklichen Fluch. Die Tochter ging, und das Sterben begann. Alle Bitten, sie zur Versöhnung zu stimmen, schienen vergeblich. In großer Qual lag die Arme sterbend da. Ich hatte für die Nacht noch eine katholische Schwester zur Hilfe gebeten. Wir knieten beide neben ihr und sprachen das Vaterunser. Wie wir an das Wort kamen: »Vergib uns unsere Schuld, wie wir vergeben unseren Schuldigern«, ging ein Ausdruck furchtbarer Seelenangst über das Gesicht des armen Weibes, die Züge verzerrten sich, die Augen waren weit geöfnet, und mit gebrochener Stimme schrie sie: »Sa-Satan!« Wir beteten weiter: »Erlöse uns von den Übel . . .« – sie sank zurück, und in wenigen Augenblicken war sie tot. Ein erschütterndes Sterben!

Aber nicht nur in Haus und Hof gab es Arbeit, viel Arbeit, sondern auch draußen im Dorf bedurfte man meiner Hilfe. Die Leute waren ja so an mich gewöhnt, und wir meinten alle, daß keiner ohne den anderen auskommen könnte. Da kann man sich ungefähr einen Begriff machen, wie es zu der Zeit im kleinen Friedenshort zuging: Säuglinge, Gebrechliche, Tageskinder, Haushaltungsmädchen, bittende Arme, Kranke im Dorf und alles, was es sonst an wirtschaftlicher oder an Näharbeit gab! Wo ich hinsah, war etwas nicht in Ordnung. Überall hätte ich bleiben und mitanfassen müssen, und doch mußte ich schon wieder weitereilen, um das andere, dringend Nötige zu besorgen. Nachts hatte ich zwei, eine Zeitlang sogar drei kleine Kinderwagen in meiner Schlafstube, die nicht groß war, so daß ich kaum wußte, wie ich zwischen Möbeln und Kinderwagen in mein Bett kommen sollte. Und wenn ich mich zur späten Stunde todmüde zur Ruhe gelegt hatte, dann fing so ein armes, kleines Würmchen an zu schreien und schrie das zweite mit wach, und ich konnte nicht schnell genug die Flaschen heiß machen; ja, manchmal wollten sie sich auch dann nicht beruhigen lassen, und es war, als wollten mir die Wogen all der Arbeit und Verantwortung und Unruhe bei Tag und Nacht über dem Kopf zusammenschlagen.

Am Nachmittag um 3 Uhr, wenn die Schule geschlossen war, kam außerdem noch eine große, wilde Schar von ungefähr hundert Dorfkindern, Jungen und Mädchen, die ich in der Zeit bis 6 Uhr bei ihren Schularbeiten beaufsichtigte, die Mädchen mit Handarbeiten, die Jungen mit Schnitzen beschäftigte, bis wir zum Schluß gemeinsam Spiele machten. Das war ein Getrampel dort oben, ein Lärm, der kaum zu beschreiben war! Aber die Kinder kamen so gerne, und noch heute tritt manche frühgealterte Arbeiterfrau an mich heran und sagt: »Ich bin auch immer in die Nähstunde gegangen«, und dann erinnern wir uns an die alte Zeit. Kurz vor 6 Uhr mußte ich die Kinder entlassen, mich ganz schnell umziehen und im Trab die acht Minuten zum Schloß laufen, um dann pünktlich zum Abendessen dort zu sein. Denn das wünschte mein Vater während des ersten Jahres. Er fragte nie nach der Arbeit drüben, und nie hat er etwas von den Schwierigkeiten und Nöten meines selbstgewählten Weges erfahren. Ich war trotz allem glücklich und hätte nicht tauschen mögen, um keinen Preis.

»Und auch in den schwersten Tagen
niemals über Lasten klagen . . .«

so hatten wir bei der Einweihung gesungen, und dabei sollte es bleiben.

Auf einem Bild aus jener Zeit (S. 66) finden sich alle damaligen Friedenshortbewohner:

Ganz links in dem Lehnstuhl sitzt das blinde Mariannchen wie ein Kind im Tragekleidchen, mit weißem Häubchen auf dem bleichen Gesicht. Auf der Bank sieben Kleine mit bunten Georginen in der Hand, in der Mitte der kleine Ronska, d. h. Ärmchen auf polnisch, der ein armes Krüppelchen mit nur einem Händchen war und schon früh in meinen Armen starb. Auf der Erde der blinde Leopold Lach, jetzt längst verheiratet, Bürstenmacher und Korbflechter. Über ihm ein blasses Mädchen, das bei uns an Schwindsucht starb. Das Wickelkind auf meinem Schoß war eines von den vielen, die im Friedenshort eine Heimat fanden. Dann kommen rechts drei alte Frauen, am weitesten rechts die Witwe S., die bei uns starb und in deren Bett wir einen Strumpf mit hundert Mark in Ein- und Zweipfennigstücken fanden.

Hinter ihr die treue Thekla. Dann kommen zwei junge Mädchen, die teils krank waren, teils im Hause halfen, und dann, mit der kleinen Hanka beginnend, die Reihe der damaligen ersten Haushaltungsmädchen. Drei davon sind verheiratet, eine, die größte, ging in Berlin unter; ihre Gefährtin daneben half als Rote-Kreuz-Helferin im Lazarett, dann kommt unsere Schwester Valeska und zum Schluß die kleine, gebrechliche Rosalie, die später mit mir die Reise in die Schweiz machte, um von ihrem Asthmaleiden geheilt zu werden.

Wie deutlich stehen sie mir noch alle vor Augen, diese lieben Ersten, hinter denen schon Tausende in die Tore des Friedenshorts ein- und im Laufe der Jahre auch wieder hinausgezogen sind, um entweder in die himmlische Heimat hinüberzugehen oder hier auf Erden ihren Beruf zu finden oder im Dienst des Herrn an anderen die Liebe zu erweisen, die sie selbst erfahren haben.

Neue Lektionen

Durch manchen Kampf ging es hindurch. So erinnere ich mich noch an die erste Zeit, daß mir das Herz manchmal recht schwer war, wenn ich hörte, wie das Volk meiner Heimat, dem ich so gerne dienen und helfen wollte, die Absicht nicht verstand und die Mütter nicht begriffen, daß die Kinder, die sie mir brachten, auch erzogen und zur Ordnung und Sauberkeit angehalten werden müßten. Es sind da Worte gefallen, die mir sehr weh taten, und da saß ich allein über meiner Bibel und empfand etwas von dem Weh, gehaßt zu werden von denen, die man liebt. Beim Blättern fiel mein Auge auf das Wort des Heilandes: »So euch die Welt haßt, so wißt, daß sie mich vor euch gehaßt hat.« Dies eine Wort genügte! Eine tiefe Freude erfüllte mein Herz, und es wurde mir in dem Augenblick so klar, daß wir als seine Nachfolger nichts zu erwarten hatten von Lohn und Dank dieser Erde, da sie ihn, der umherging und wohltat, verworfen und ans Kreuz geschlagen haben. Seitdem habe ich die gelegentlichen kleinen Erfahrungen von Undank, Lieblosigkeit, Verleumdungen und Haß als etwas Selbstverständliches betrachtet und mich nur über das unverdient reiche Maß des Gegenteils gewundert, das solch einer armen Magd Jesu hier auf Erden zuteil wird.

Auch in äußerlicher, hauswirtschaftlicher Beziehung gab es für mich viel zu lernen. Eine alte Frau aus den Gesindehäusern Skarotka war meine Lehrmeisterin im Brotbacken. Es galt ja schon eine ganze Menge Münder zu füllen, und da war es eine Lust, Teig zu machen, zu kneten, auszuwirken, den Ofen zu heizen, zu schieben und endlich das braune, duftende Brot wieder herauszuholen. Wohl ein Jahr habe ich diese wichtige, edle Kunst selbst ausüben können, bis ich sie dann anderen Händen überlassen mußte.

Es war gut, daß wir schon in unserer Kinderzeit gelernt hatten, uns selber zu helfen. Bei den geringen Mitteln, die mir zur Verfügung standen, konnte ich nicht so oft Handwerker in Anspruch nehmen, und so habe ich damals manche Zimmerarbeit wie das Dielen des Schweinestalles und das Herstellen von Regalen selber besorgt. Die Freude, wenn etwas zustande kam, war natürlich doppelt groß. Auch unsere landwirtschaftlichen Unternehmungen waren reich gesegnet. Besonders die erste Krauternte wird mir in Erinnerung bleiben! Für 15 Mark hatten wir einen Morgen feuchtes Krautland gepachtet, ebensoviel für Pflanzen ausgegeben, und der Ertrag im Herbst war geradezu großartig! Mehrere Fässer konnten eingebracht, für 90 Mark Kraut verkauft und außerdem noch an die Armen verschenkt werden. Die Ernte war ein Freudenfest! Mit dem Spaten wurden die festgewickelten Kohlköpfe abgestochen und mit einem Schwung in den bereitstehenden Wagen befördert. Es war herrlich! Auch die Kartoffelfeuer auf den herbstlichen Feldern, wenn die Nebel zogen und die Kinder und Erwachsenen in der glühenden Asche Kartoffeln brieten, gehörten zu den oberschlesischen ländlichen Freuden, die sich jährlich wiederholten.

Aber einen verunglückten Versuch muß ich auch erwähnen. Ein Schwein war gefallen und schon begraben worden. Da hörten wir, daß unsere Nachbarn aus der Skarotka das tote Schwein wieder ausgraben wollten, um es zu verzehren. Zufällig las ich im mosaischen Gesetz die Worte: »Das Fett vom Aas mache dir zu allerlei Nutzen, aber essen sollst du es nicht.« Das gab uns die

Anregung, auch unsererseits noch eine praktische Verwertung des toten Tieres vorzunehmen. Mit Schrecken denke ich noch daran! Ein großer Kessel wurde draußen aufgestellt und das Schwein zu Seife verkocht. Trotz der nötigen Zutaten von Seifenstein usw. hat unser Fabrikat nie die Eigenschaft einer richtigen Seife gezeigt, sondern lag lange Zeit unbenutzbar als Warnung auf dem Schrank des Vorratsbodens.

Ehe das Jahr zu Ende ging, war unser kleines Haus mit über 40 Menschen gefüllt. Die Zahl der Kinder, die wir aufnehmen mußten, vermehrte sich so, daß sie aus der kleinen Stube in den großen Arbeitssaal nach oben verlegt wurden. Dadurch wurde der Kinderhort aufgehoben. Die Kleinen machten mir viel Freude, aber unter den Größeren waren einige, die geradezu pädagogische Problemfälle waren. Der fünfjährige Vinzent war bettelnd aufgegriffen worden, und als man seiner langen Geschichte auf den Grund gehen wollte und ihn nach Hause begleitete, ergab sich, daß alles erlogen war. So behielten wir ihn. Besonders schwierig war der achtjährige Stanik, der von der Polizei auf den Stufen einer Schenke gefunden wurde. Der kleine Landstreicher hatte sich schon tagelang umhergetrieben und war erst ganz begeistert von dem ungewohnten neuen Leben bei uns. Bald aber zeigte sich die echte Vagabundennatur. Oft wußte er sich einzuschmeicheln, dann aber verübte er die unglaublichsten Streiche, und hin und wieder mußte ich ihn tüchtig durchhauen. Der kleine Manusch, der älteste mehrerer Brüder, war ein Kind, das uns oft ratlos machte. Weder mit Liebe noch mit Strenge schien man bei ihm irgend etwas zu erreichen. Wurde er eingesperrt, so riß er die Tapete im Zimmer herunter, und wenn er seine Wutanfälle bekam, war niemand vor ihm sicher. Alle diese Kinder stammten aus Familien, die dem Trunk und allerhand Sünden und Lastern ergeben waren, und zeigten nun die traurigen Folgen vererbter Sünden.

Im Winter brach unter unseren Kleinsten eine schwere Masernepidemie mit Lungenentzündung aus. Fünf liebliche Menschenblumen starben in wenigen Tagen und als sechster der arme kleine Ronska mit der einen Hand.

Jeweils zwei meiner Lieblinge mußte ich in die Kapelle tragen und in die kleinen Särge betten. Dann habe ich die letzte Nacht beim kleinen Ronska gewacht. Es war so ein besonders bedauernswertes Kind. In ihm trat mir zuerst das Schauerliche der Sünde entgegen, und mir graute anfangs vor dem verstümmelten Kinde, dessen kleines Gesichtchen schon den Ausdruck der Entartung trug. Aber weil er so verlassen war, gehört er ja zu uns, und aus dem Mittleid erwuchs Liebe. Als ich in der letzten Nacht das sterbende, nach Atem ringende Kind in meinen Armen hielt, blickte es mich noch einmal dankbar und freundlich an, dann neigte es das Köpfchen und starb. Weder sein einarmiger Vater noch seine geistesschwache Mutter haben je nach ihm gefragt.

Unsere Hausmädchen waren zu Anfang nur tagsüber bei uns. Sie schliefen bei ihren Familien im Dorf. Bald zeigte es sich, daß dies auf die Dauer nicht ging. Sie wurden abends spät fertig und erzählten dann allerhand Geschichten, wie sie unterwegs angehalten worden waren, so daß wir um ihre Sicherheit fürchteten. Zunächst füllten wir für jedes Mädchen einen Strohsack, legten sie am Abend nebeneinander auf die Erde, und am Morgen wurden die Strocksäcke wieder aufeinandergelegt und mit einer Decke zugedeckt. Dann aber faßte ich den Entschluß, Bettgestelle zu kaufen, fuhr nach Beuthen und erstand wirklich die billigste Sorte von Holzbettgestellen zu 4.50 Mark das Stück. Glücklich kehrte ich damit nach Hause zurück. Aber o Schrecken, das Aufstellen war nicht so leicht! Bis spät in die Nacht haben wir gearbeitet und versucht, die Holzteile ineinanderzufügen, aber immer wollten die Zapfen nicht passen, und als wir es schließlich einigermaßen erreicht haten, krachten sie in der Nacht wieder auseinander. Diese Betten waren längere Zeit hindurch Gegenstände der Mühe und des Spaßes; denn fast jede Nacht brach ein anderes auseinander, was den lustigen Mädchen immer eine sehr willkommene Abwechslung war.

Wichtige Entscheidungen

Als am Schluß des Jahres mein Vater einmal fragte, wieviel Menschen ich denn in meinem Hause hätte, da war er ganz überrascht, zu hören, daß aus den vier zuerst bewilligten Betten schon vierzig geworden waren. »Eva, wie hast du das nur gemacht!« sagte er, »wie bist du denn nur mit dem Gelde ausgekommen?« Ja, das war wunderbar zugegangen! Denn außer der Verköstigung hatte ich doch noch all die Anschaffungen machen müssen, und meine Armen aus dem Dorfe lebten auch noch, soviel es ging, mit.

Nun stand ich kurz vor meinem 25. Geburtstag, und mein Vater eröffnete mir, daß ich in den Besitz meines mütterlichen Erbteiles treten und über die Zinsen desselben verfügen dürfe. Er sprach zu mir voll väterlicher Güte und sagte, da die Einschränkung in bezug auf das geringe Haushaltunsgeld keinen anderen Erfolg gehabt hätte, als daß meine Backen immer dünner und blasser würden, dürfte ich von jetzt ab 12000 Mark jährlich für den Friedenshort verbrauchen unter der Bedingung, daß ich für 2000 Mark jährlich Erholungsreisen unternähme.

Ich hörte zu wie im Traum. Mehr Geld für meine Kinder und Kranken – der Gedanke beglückte mich, aber daneben überfiel es mich wie eine heiße Herzensangst. Ich küßte meinen Vater und eilte zurück, hinauf in die stille Kapelle, um allein zu sein mit Gott.

Es war mir bis dahin nie in den Sinn gekommen, daß ich reich wäre. Wir waren so einfach erzogen, und nie war von solchen Dingen die Rede. Von dem geringen Taschengeld hatte ich schon seit Jahren soviel als möglich gespart und im letzten Jahr mit den Armen die Armut

Meine erste Familie

Eingang zum »Friedenshort«

geteilt. Nun sollte ich reich sein, und der Gedanke erschreckte mich. Es war mir, als stände ich vor einem Abgrund, in großer Gefahr. Jesu Wort: »Wahrlich, ich sage euch: Es ist leichter, daß ein Kamel durch ein Nadelöhr gehe, denn daß ein Reicher ins Reich Gottes kommt,« klang mir wie eine ernste Mahnung, ja wie eine Drohung entgegen. Nein, nein, ich wollte, ich durfte nicht reich sein! Ich wollte nicht das Himmelreich verlieren für irdisches Gut! »Bei den Menschen ist es unmöglich, aber nicht bei Gott; denn alle Dinge sind möglich bei Gott«, so hatte der Herr gesagt, und da mußte es doch eine Möglichkeit geben, trotz irdischen Reichtums das Himmelreich zu gewinnen. In jener Stunde bat ich meinen Herrn, mich zu bewahren, daß ich nie mein Herz an den Besitz hängen möchte, sondern daß ich besitzen möchte, als besäße ich nicht. Ich weihte ihm all mein Gut und gelobte, nur seine Haushälterin und Verwalterin zu bleiben und mit dem anvertrauten Gut zu dienen. Nun war ich wieder getröstet. Auch für die Bedingung meines Vaters gab es einen Ausweg. Ich brauchte ja nicht allein zu reisen, sondern konnte mir so viele Menschen mitnehmen, daß wir ohne Mühe die bestimmte Summe verbrauchten.

Im Frühjahr 1892 meldete Pastor von Bodelschwingh seinen Besuch an. Das war eine Freude! Als ich ihn in unsere jetzige Schwesternstube führte und er meine jungen Helferinnen sah, nahm er mich beiseite und sagte: »Evchen, hast du nicht daran gedacht, daß ihr auch eine kleine Schwesternschaft werden könntet?« Ja, daran gedacht hatte ich schon und ernstlich Gott gebeten, mir seinen Willen zu zeigen. Die Frage, in welcher Weise sich unser Werk weiterentwickeln sollte, hatte mich manchmal beschäftigt. Aber unsere Verhältnisse in Oberschlesien waren so eigenartig, daß ich nicht wußte, ob die Ausweitung zu einem Diakonissenhause das Gottgewollte und Richtige wäre, und meine persönlichen Wünsche durften dabei doch nicht in Betracht kommen. Die Anregung meines väterlichen Freundes in diese Richtung war mir ein wichtiger Wink. Doch ich wollte ganz sicher gehen. Der Herr, der mich bisher so wunderbar geführt hatte, sollte mir auch jetzt ein deutliches Erkennungszeichen seines Willens geben. Als nach einigen lichten, schönen, freudereichen Tagen Vater Bodelschwingh uns verlassen hatte, reiste ich nach Moschen, um meines Vaters Einwilligung zu dem großen Schritt zu erbitten. Bis dahin hatte er der Trachtfrage entschieden ablehnend gegenübergestanden, und vor allem von einer Haube wollte er nichts wissen. Würde nun Gott sein Herz lenken, daß er trotz dieser Abneigung dem Gedanken der Gründung einer Schwesternschaft zustimmte, so sollte es mir das sichere Zeichen sein, daß es Gottes Weg und Wille für uns wäre. Im anderen Falle wollte ich davon absehen. Die Sache lag mir sehr am Herzen, und ich flehte um göttliche Leitung.

Der 9. Juni sollte die Entscheidung bringen; es war der Tag nach meines Vaters Geburtstag. Den Vormittag brachte ich allein auf der Osterinsel zu. Es war ein stilles Heiligtum, der Lieblingsort meiner heimgegangenen Mutter, geweiht durch ihre Gebete und ihren stillen Umgang mit Gott. Von der alten Eiche leuchteten mir aus geschnitztem Schrein die Worte entgegen: »Der Herr ist in seinem heiligen Tempel; es sei vor ihm stille alle Welt!« Die Wipfel rauschten, und die Vögel sangen, und ich weihte mich aufs neue dem Herrn mit allem, was ich war und hatte, bereit, seinen Weg zu gehen und seinen Willen zu tun. Es gibt Stunden, die man nie vergißt, Stunden, in denen die Herrlichkeit Gottes einem überwältigend nahetritt. Was man in solchen Stunden erlebt und gelobt, bleibt der Seele lebendig eingedrückt und wirkt als bewahrende Kraft im Verborgenen weiter.

Am späten Abend, als der Familienkreis sich trennte, stieg ich zu meinem Vater hinauf. Er war erstaunt, mich zu sehen, und fragte freundlich: »Was willst du, kleine Tochter?« Da habe ich ihm alles gesagt und gefragt. Ich legte meine Zukunft in seinen Willen, denn ich wußte, Gott würde ihn leiten. Mein Herz und meine Stimme bebten, ich konnte kaum sprechen; aber ich war zu allem bereit. Mein lieber Vater war sehr bewegt. Er sagte, wie er mich seit Jahren beobachtet hätte, wie er erst mit ganzer Energie versucht hätte, mich von diesem Weg abzubringen, wie er aber längst überzeugt sei, daß ich nur auf diesem Weg das Glück finden würde, und daß er mich nun auch ganz und völlig freigebe für den Dienst. »Ich sah, daß Gottes Segen auf allem liegt, was du tust,« sagte er, und dann legte er seine lieben Hände auf mich und segnete mich.

So hatte Gott geantwortet, und ich war nun auch äußerlich meines Weges gewiß.

Ein Flug ins Weite

In den Wintermonaten hatte unsere Johanniterschwester Martha einen schweren Typhus gehabt. Im Dorf waren verschiedene Typhusfälle aufgetreten, und sie hatte sich wohl bei einer Pflege angesteckt. Ein Vierteljahr lang war sie schwer krank. Das hohe Fieber wollte nicht weichen. Wir pflegten sie, so gut wir konnten. Jeder, der gerade Zeit hatte, ging zu ihr. Von Vorsichtsmaßregeln und Absperrung wußten wir nichts; aber Gott bewahrte uns vor weiterem Umsichgreifen, und endlich genas sie. In dieser Zeit half uns einige Wochen meine liebe Freundin Lisa, die Tochter des Grafen Zedlitz, der später Oberpräsident von Schlesien und jahrelang unser erster Vorsitzender und treuer Berater war. Als Schwester Martha reisen konnte, ging sie zu ihren Eltern in das ländliche Pfarrhaus zu weiterer Erholung und kehrte einige Wochen später recht frisch zurück.

Nun war die Reihe des Reisens an uns gekommen. Die Bedingung des Vaters mußte ja erfüllt werden, und so beschloß ich, mit meinen beiden Gehilfinnen Auguste und Else eine Reise nach St. Moritz im Engadin (Schweiz) zu machen und auch die kleine, zarte, asthmaleidende Rosollka mitzunehmen.

St. Moritz kannte ich von meinem früheren Besuch, und das Verlangen, den alten, lieben Pastor Delapierre an der kleinen französischen Kirche, der so entschieden und voll heiligen Feuers predigte, wieder zu hören, zog mich dorthin.

Unsere Vorbereitungen waren bald getroffen. Wir drei zukünftige Schwestern hatten gleiche dunkelblaue Kattunkleider an, mit kleinen Kragen über den Schultern und schwarze runde Strohhüte mit breitem Rand und glattem Band. Wir müssen wohl etwas seltsam ausgesehen haben, und die Menschen wußten nicht recht, wofür sie uns halten sollten. Am schönsten war die kleine 14jährige Rosollka im roten Bauernrock mit schwarzen Streifen, schwarzer polnischer Jacke, bunter Schürze und geblümtem Kopftuch. So wie wir zu Hause gingen, so reisten wir nun auch in die Welt und haben dabei allerlei kleine Erlebnisse gehabt. Die treue Schwester Martha hütete inzwischen das Haus.

Wenn ich so zurückdenke, muß ich staunen über die Weisheit der Erziehungswege Gottes, und wie er Menschen und Verhältnisse, auch ganz kleine, nebensächliche Dinge und Begebenheiten, benutzt, um seine Zwekke zu erreichen.

Wir vier machten uns also auf die Reise mit zwei Koffern und 2000 Mark in der Tasche. Des Vaters Bedingung mußte ja erfüllt werden. Als wir in Dresden ankamen, beschloß ich, meinen Gefährtinnen und der kleinen Rosallka die alten, herrlichen Bilder in der Galerie zu zeigen, und wandte mich an den nächsten Droschkenkutscher. Der sah uns mit einem unbeschreiblich mitleidigen Blick an und zeigte mit der Peitsche auf einen entfernteren Kutscherstand: »Ich bin für Sie viel zu teuer, – gehen Sie nur dorthin, da stehen die Droschken 2. Klasse.« Gehorsam folgten wir seinem Wink, und während wir fuhren, dachte ich darüber nach, daß der Kutscher recht hatte und daß sich für Dienstmägde Christi eine vornehme Reisegelegenheit nicht schickt. Aber ich sollte noch mehr Lektionen bekommen.

Nachdem wir in stiller Andacht vor dem Bild des Dorngekrönten von Guido Reni gestanden hatten, fuhren wir zum Diakonissenhaus in der Hoffnung, dort gastliche Aufnahme zu finden. Es zog mich überall in die

Häuser der Barmherzigkeit, und ich nutzte gern die Gelegenheiten, um zu hören, zu sehen und zu lernen für meinen Lebensberuf. Als ich, gefolgt von den anderen, bescheiden an die Pforte anklopfte, öffnete uns eine Schwester und sah uns mit prüfendem Blick an. »Hier können Sie nicht bleiben«, sagte sie sehr bestimmt. »Früher haben wir auch Mädchen beherbergt, aber das tun wir nicht mehr.« – »Wo sollen wir nun hin?« fragte ich enttäuscht, »in ein Hotel möchten wir nicht gern.« Die Schwester überlegte einen Augenblick, dann sagte sie: »Fragen Sie mal bei den Fräulein Auerwalds in der Karlstraße; die nehmen manchmal Mädchen auf.« Dann schloß sie das Pfortenfenster, und wir fuhren mit unseren Koffern weiter zu der genannten Wohnung. Meine Begleiterinnen blieben im Wagen, und ich stieg die vier Treppen etwas bedrückt hinauf. Wie würde hier der Empfang sein! Auf mein Klingeln öffnete eine freundliche ältere Dame die Tür. Etwas zaghaft rückte ich mit meinem Anliegen heraus und bat, uns vier zu beherbergen. »Na, so viel Platz haben wir eigentlich nicht«, sagte sie mit einem wohlwollenden Blick, »aber es wird schon gehen! Wir haben ja ein paar Sofas und einen bequemen Stuhl. Gehen Sie nur hinunter und holen Sie die anderen und die Koffer herauf!«

Mir wurde ganz eigentümlich zumute, eher zum Weinen als zum Lachen. Es war doch nicht so leicht zu reisen als angehende Schwester, und zum ersten Mal mußte ich in der fremden Welt allein für mich und die anderen sorgen. Mühsam schleppten wir die beiden Koffer die hohen Treppen hinauf und wurden herzlich von den beiden freundlichen Pfarrerstöchtern aufgenommen. Sie hatten eine kleine Pension, und der Raum war wirklich beschränkt. Aber die Liebe weiß sich zu helfen, und so wurde für jede von uns ein Plätzchen zur Nacht zurechtgemacht nach dem Wort des Apostels: »Herberget gern!« Bald saßen wir gemütlich beisammen, und es wurde viel gefragt und erzählt. Als am anderen Tag die Abschiedsstunde nahte, war ein Freundschaftsband geknüpft, das heute noch besteht, wenn auch die eine der beiden lieben Schwestern schon im Glauben hinübergegangen ist. Gern kehrte ich auch später wieder bei den treuen Freunden ein, wenn mein Weg mich in diese Stadt führte.

In Chur, der großen schweizerischen Endstation der Bahn, wo der Postwagenverkehr nach dem hochgelegenen Engadiner Tal damals begann, machten wir wieder Halt.

Hier wollte ich mit meiner Schar in dasselbe Hotel gehen, in welchem ich früher mit meinen Eltern und Geschwistern gewohnt hatte, und übergab dem Gepäckträger unsere Sachen, um sie dorthin zu bringen. Wieder derselbe halb erstaunte, halb mitleidige Blick wie bei dem Dresdener Droschkenkutscher! Er sagte in väterlichem Ton: »Hotel Steinbock! Das ist ja viel zu teuer für Sie, ich will Ihnen ein gutes Hotel zweiten Ranges zeigen,« und er brachte uns in den »Roten Löwen«! Er war nicht übel, der »Rote Löwe«. Die Betten mit buntem Kattun bezogen, die Dielen gescheuert und unter dem Fenster ein Biergarten. Da saß ich nun und dachte nach. Es war doch wunderbar – so viel Geld in der Tasche, das ich ausgeben mußte, und dabei wurde ich immer wieder in die Bescheidenheit und Armut gewiesen. Der »Rote Löwe« gefiel mir nicht. Ich war unzufrieden und verstimmt. Die jungen Mädchen packten aus und richteten sich für die Nacht ein, und ich saß und sann. – Deutlich und klar trat ein Bild vor meine Seele. Ein Hügel mit drei Kreuzen und zwischen zwei Mördern der Eine, Reine, Erhabene: der Sohn Gottes. »Er erniedrigte sich selbst und ward gehorsam bis zum Tod, ja zum Tode am Kreuz.« Entäußerung, Erniedrigung, freiwilliger Verzicht auf alle Herrlichkeit, auf alle berechtigten Ansprüche – um unsertwillen – und ich – mir war der »Rote Löwe« nicht gut genug! O wie ich mich schämte! In der Abendstunde auf dem kleinen, altmodischen Sofa habe ich eine Lektion gelernt, die ich nie wieder vergessen habe. Ich sah mein eigenes, anspruchsvolles, hochmütiges Herz, und ich sah ihn, der um unsertwillen den Weg der Armut und Erniedrigung ging, und je länger ich mich schämte, desto mehr veränderte sich die Lage der Dinge. Welchen Platz hatte ich verdient? Der »Rote Löwe« erschien mir viel zu gut und zu schön für mich. Nie, nie wieder wollte ich unzufrieden sein, sondern dankbar für all das unverdiente Gute, und willig und freudig wollte ich den Weg der Armut und Niedrigkeit gehen in der Nachfolge dessen, der nicht hatte, da er sein Haupt hinlegte.

Ich nahm vom Tisch ein Zettelchen »Zur Anmeldung der Gäste« mit dem Vordruck »Zum Roten Löwen« und schrieb darauf das Bekenntnis meiner Schuld und den Entschluß meines Willens und legte es zur Erinnerung und Mahnung in meine Bibel. Kürzlich fand ich den kleinen Zettel wieder, und die Abenstunde in Chur vor 24 Jahren wurde mir wieder lebendig. –

St. Moritz! Mir ist, als müßte ich tief aufatmen, wenn ich daran denke. Das hochgelegene Alpental mit seinen türkisblauen Seen und dem noch blaueren Himmel darüber, die tiefschwarzen Arvenwälder und grünen Matten, die schneebedeckten Gipfel und grauen Felswände – die Luft so rein, so stark, so belebend und dazu die überquellende Jugendkraft und die lang entbehrte Freiheit in Gottes Wunderwelt – unvergeßlich!

Die kleine Friedenshortfamilie in der Villa »Zur Heimat« am See genoß all die Schönheit mit dankbarer Freude. In mir aber erwachte die alte Wanderlust, und wenn ich in jenen Wochen nicht in irgendeiner Felsen- oder Schneespalte versank oder von den selbst für geübte Steiger schwer zu erkletternden schroffen Spitzen des »Trois Fleurs« abstürzte, so war es Gottes Gnadenhand, die mich hielt. Als ich dort oben auf schwindelnder Höhe saß und hinunterschaute in die gähnende Tiefe, die mich von allen Seiten umgab, da wurde es mir klar, daß mein Leben nicht mehr mir, sondern meinem Herrn und seinem Dienst gehörte, und daß ich kein Recht hatte, es so leichtfertig aufs Spiel zu setzen. Ich gelobte Gott, wenn er mich glücklich hinunterbrächte, wollte ich ein solch tollkühnes Wagnis in Zukunft unterlassen. –

Über Männedorf am Züricher See reisten meine Gefährtinnen nach Haus, und ich zog nach Bielefeld in das geliebte Mutterhaus Sarepta, um von dort im Diakonissenkleid wieder heimzukehren. Das war im August des Jahres 1892.

Weitere Entwicklung

Inzwischen waren die Neubauten im Friedenshort fast fertiggestellt. Das Valeskastift und das Schwalbennest sollten am Jahresfest eingeweiht werden und zugleich sollte die Einkleidung der ersten drei Probeschwestern stattfinden. Da gab es noch viel einzurichten und zu rüsten. Endlich nahte der dreifache Festtag. Es war ein wichtiger Abschnitt in der Entwicklung des jungen Werkes. Nun sollten unsere lieben Alten und Gebrechlichen ein eigenes freundliches Heim haben, vier große Stuben zu je vier Betten, in der Mitte ein behagliches Wohnzimmer mit Lehnstühlen für die Müden und Spinnrocken für die Fleißigen, mit Blumen und Vogel und einem bunten Glasbild im Fenster. Im Schwalbennest aber waren 20 rosa Bettchen bereit für die kleine Schar, Wände und Fußboden hellblau und weiß, und in der Mitte, zwischen grünen Pflanzen, eine große vergoldete Christusstatue mit der Weltkugel in der Hand.

Das Wichtigste und Entscheidenste war aber wohl die Begründung der Schwesternschaft. Es war, als ob die Macht der Finsternis alles dagegen aufbieten wollte, um mich von diesem Schritt abzuhalten.

Am Morgen des Festtages, am 29. September, überfiel mich eine namenlose Angst, die ich mir kaum erklären konnte. Ich hatte ernstlich versucht, Gottes Willen zu erkennen; er hatte geantwortet und alle Hindernisse aus dem Wege geräumt, und nun, wo alles soweit war, legten sich Furcht und Schrecken auf meine Seele und wollten mich fast erdrücken. Mit solchen Empfindungen trat ich am Morgen in die Schwesternstube und fand dort auf dem Tisch ein kleines Spruchkästchen, das eine befreundete Bielefelder Schwester mir als Gruß sandte. Ich zog einen Spruch heraus und las: »Siehe, ich habe dir geboten, daß du getrost und freudig seiest. Laß dir nicht grauen und entsetze dich nicht; denn der Herr, dein Gott, ist mit dir in allem, was du tun wirst« (Jos. 1, 9). Ich kann nicht aussprechen, was mir dieses Wort in dem Augenblick bedeutete! Nun leuchtete mir wieder das Angesicht Gottes; Schrecken und Furcht verschwanden wie der Nebel vor der Sonne, und die stille Ruhe der Gewißheit seines Willens machte mein verzagtes Herz getrost und stark. Was nun auch kommen mochte, welche Kämpfe, Schwierigkeiten und Leiden auch vor uns lagen, wir wollten freudig und gehorsam vorwärtsgehen und der Gnade Gottes vertrauen, die uns berufen hatte, unser Leben gemeinsam dem Dienst des Elends zu weihen.

Endlich sollte auch unser großer Wunsch in Erfüllung gehen und die Landwirtschaft um zwei Kühe erweitert werden. Knecht Simon Begemann, der jüngere Sohn eines großen lippischen Bauernhofes, zog mit seiner jungen Frau im Friedenshort ein. Ein edles Kind seines Volkes, ein treuer, aufrichtiger Christ! Er war ein leuchtendes Beispiel für die so ganz anders gearteten oberschlesischen Knechte, und sein kurzes Leben und Wirken unter uns hat eine helle Spur hinterlassen. Es war schon immer mein Wunsch gewesen, daß wir selbst unser Korn anbauen, mahlen, backen und genießen möchten, und auf diese Gedanken ging unser Simon mit Freuden ein. Auch mein lieber Vater stimmte dem Plan zu, und so wurde aus Dresden ein Windmotor bestellt, der, auf schlankem Eisengerüst hoch in die Lüfte ragend, das Mühlenwerk treiben sollte. Bei unserer hohen Lage gab es genügend Wind, und es war eine Freude, wie die Flügel sich drehten und die Mühle Schrot und Mehl hervorbrachte. Begemann bediente das Werk selbst mit großem Eifer. Wir konnten nicht nur unseren eigenen Bedarf an Roggen machen, sondern hatten noch eine reiche Kundschaft im Dorf. Wir ahnten damals nicht, wie teuer uns dies Werk zu stehen kommen sollte.

Im Winter 1893 brachte Begemann seine junge Frau, die sich sehr nach der Heimat sehnte, für einige Wochen in ihr Elternhaus zurück. Er selbst kam wieder und waltete treu seines Amtes. Endlich kam der Tag, an welchem er sein heimkehrendes junges Weib von der Bahn abholen sollte. Es war ein recht stürmischer Märztag, und unsere Mühle arbeitete mit außerordentlicher Kraft. Der Wagen war angespannt, Begemann hatte seinen Kutschermantel schon angezogen, die kleine Wohnung war geschmückt, und ein Kranz mit »Willkommen« sollte der jungen Frau entgegenleuchten. Da hörte er, wie die Mühle den eigentümlichen Ton von sich gab, der den Mangel an Öl verrät. Wohl hätte er sie abstellen können, aber der gute Wind sollte benutzt werden, und Simon eilte mit der Ölkanne in der Hand über die schmale Brücke zu der Leiter, um hoch hinauf bis an das Gewinde zu steigen, welches der Ölung bedurfte. In der freudigen Aufregung vergaß er, das Mühlwerk abzustellen.

Ich war gerade ins Schloß gegangen, um mit meinem Vater etwas zu besprechen. Er brachte mich noch an die Tür seines Zimmers, deutete auf die Mühle, die sich über den kahlen Parkbäumen erhob, und sagte wie scherzend: »Sieh nur, wie sich die Mühle dreht, und Begemann hängt an den Flügeln.« Als ich in die Nähe unseres Hofes kam, sehe ich einen Ackerwagen halten und den Kutscher aufgeregt nach oben zeigen. Schon stürzen mir weinend und schreiend einige Hausmädchen entgegen: »Begemann ist verunglückt!« Ich fliege die Treppe hinauf, und hoch oben im Gerüst, festgedreht ins Gewinde, hängt der große Körper unseres treuen Knechtes hinten über, und den Schnee dort unten bedeckt eine Blutlache. Vor mir war schon der Doktor zur Stelle, der gerade vorbeiging. Man hatte nur einen Schrei gehört: »O Jesus!« – dann war alles still.

Schon hatte der Arzt den Tod, der augenblicklich durch das Zerreißen der großen Schlagader erfolgt sein mußte, festgestellt, und mit unendlicher Mühe und nicht ohne Gefahr gelang es den tapferen Leuten, den schweren leblosen Körper herunterzuholen und auf sein Bett zu legen. Das edle Gesicht mit dem Ausdruck des Friedens war unverletzt. Ich konnte nur noch die Wunden verbinden und die Spuren des Blutes an der Leiche und an meinen Kleidern entfernen, und dann mußte ich mich auf den Wagen setzen, um der armen jungen Witwe, die inzwischen auf dem Bahnhof angekommen war, die traurige Botschaft zu bringen.

Ach, es war eine schwere Fahrt! Ich konnte es ihr ja nicht so schnell sagen, und nun fragte sie immer wieder: »Warum holt Simon mich nicht ab? Was macht er? Wo ist er?« Und da habe ich es ihr dann mitteilen müssen, daß er aufgegangen ist zu seinem Herrn, der ihn in Sturm und Wetter zu sich rief. Still weinend hörte sie zu. Und wir haben es auch hier wieder erfahren können, wie Gott gerade den Schwachen außerordentliche Kraft in Stunden besonderer Not verleihen kann. Frau Begemann gehörte eigentlich zu den zarten Naturen, die schon durch kleine Leiden und Widerwärtigkeiten sich niederdrücken und entmutigen lassen. Aber jetzt war sie eine Heldin. Ruhig und gefaßt trat sie an das Totenbett ihres geliebten Mannes. Still und stark ging sie durch die nächsten Tage hindurch, alles ordnend, beratend, Entschlüsse fassend, wie man es nie von ihr gedacht hätte.

In unserer Kapelle lag nun der Sohn der lippischen Berge aufgebahrt. Still und ernst trat mancher an den offenen Sarg heran, um Abschied zu nehmen von dem seltenen Mann, der wie ein Kind aus einer anderen Welt kurze Zeit unter uns geweilt hatte, mit seiner Himmelssehnsucht im Herzen, seiner tiefen Demut und seiner vorbildlichen Treue. Unter den heimischen Eichen sollte er ruhen, und so begleiteten wir ihn in langem Zuge bis zum Bahnhof, und dann brachte ich die tapfere junge Frau selbst zu ihren Eltern zurück. Einige Wochen darauf wurde die kleine Eva Begemann geboren, die ihren edlen Vater nie gekannt hat und auch nach wenigen Jahren die zarte, junge Mutter verlieren sollte.

Unsere Mühle stand trauernd still, bis nach einigen Wochen der ältere Bruder des Heimgegangenen seinen Platz einnahm.

Eine freundliche Gottesfügung muß ich noch erwähnen. Gerade am Tage des Unglücks war zum erstenmal die alte Schwester Johanna Baade aus dem Kaiserswerther Mutterhaus, Leiterin des Altdorfer Waisenhauses, unser Gast. Sie stammte aus derselben Gegend des Lipper Landes und war die Freundin der Mutter von Frau Begemann, mit der sie in früher Jugend die große Erweckungszeit jener Gegend durchlebt hat. Ohne vorher etwas zu ahnen, konnte sie nun der Tochter ihrer Freundin in den schwersten Stunden beistehen, und auch mir war die tapfere, erfahrene alte Schwester von großem Trost am Tag der Not.

Nach dem Begräbnis unseres treuen Knechtes und Freundes auf dem stillen Friedhof der lippischen Berge nahm ich im Mutterhaus Sarepta zu Bethel an der Rüstzeit der Schwestern teil und wurde am Sonnntag nach Ostern 1893 als Diakonisse eingesegnet. Vater Bodelschwingh ließ mich, nachdem die Schwestern den

Segen empfangen hatten, allein vortreten und änderte die übliche Formel dahingehend ab, daß er mich einsegnete »zum Dienst in der Gemeinde Jesu«, anstatt mich an ein bestimmtes Mutterhaus zu binden. Diese meine Berufung und Weihe ist mir sehr wertvoll geworden. Konnte einst Zinzendorf sagen: »Mein Kirchspiel ist die Welt«, so durfte ich mich als eine Magd Jesu Christi immer und überall verpflichtet fühlen zum Dienst in der Gemeinde Jesu, wo irgendeine äußere oder innere Not an mich herantrat und meinen Dienst erforderte. Das gab unserem kleinen Mutterhaus von Anfang an ein bestimmtes Gepräge und seiner Arbeit mit der Zeit eine weite Ausdehnung und mannigfaltige Beziehungen über die Grenzen des eigenen Vaterlandes hinaus.

Ein Rundgang durch den Friedenshort

Fast vier Jahrzehnte ist dies her, und in diesen wurde der Friedenshort eine kleine Welt des Friedens und der Liebe, ein Denkmal der Barmherzigkeit Gottes und ein Beweis von der sieghaften Macht des Glaubens!

Wenn man von der Dorfstraße im Norden durch das große Tor hereintritt, ist links das »Sonnenland«, das Haus der Säuglinge und der kranken und zurückgebliebenen Kinder. In kleine Familien geteilt, haben die »Schmetterlinge«, die »Paradies-Kinder« und die »Sonnenstrahlen« dort ihr Heim. Unten nach Süden und Osten hin ist der »Orient« gelegen, das Reich der kleinen Tuberkulosen, von denen manche früh dem Himmel entgegenreifen. Da ist die große sonnige Glasveranda, die im Winter als Schlafsaal, im Sommer als Tagesraum dient, und der freundliche Raum in der Mitte, dessen Wände ägyptische Pyramiden und Palmen aus Afrika schmücken. Liebliche Sterbebetten kleiner Todesüberwinder hat es dort gegeben. Wir erinnern uns noch an die beiden Käthchen, die in einem Jahr bald hintereinander hinübergingen, wunderbar verklärt und durchleuchtet, ausgereift für die Herrlichkeit und von allem Irdischen losgelöst, mit wahrer Himmelssehnsucht im Herzen, ließen sie eine lichte Spur zurück in ihrem kurzen Erdenleben. So auch die kleine Anna, die – körperlich und geistig ganz unentwickelt – aus dem Elend zu uns kam und dann, erfüllt von der Liebe zum Heiland und von der Sehnsucht nach dem Himmel, noch sterbend mit hellem Stimmchen wieder und wieder das Lied sang:

In dem Himmel ist's wunderschön –
o wie gerne möcht ich dort stehn,
wo statt Kampf, Schmerz und Hohn
meiner wartet die Kron,
wo ich darf meinen Heiland sehn!
Welche Hoffnung, so schön und süß,
zu kommen ins Paradies!
Mein Jesus ist dort, bereit ist der Ort
auch für mich, ja, ganz gewiß!

Auch das durch Gehirntuberkuloses erblindete Annchen hat hier jahrelang gelebt, ein Segen für ihre Umgebung und eine treue Freundin der Mission. Viele Hunderte hat dies blinde Kind zusammengespart und gesammelt für die armen Heidenkinder draußen in China.

Manches verkümmerte Blümchen durfte sich im »Orient« in der Liebe Gottes wunderbar entfalten, bis es entweder körperlich erstarkte für den Kampf des Lebens oder in den himmlischen Garten versetzt wurde. Auch die anderen kleinen Sonnenländer haben sich oft merkwürdig entwickelt, und es ist eine Freude, zu beobachten, wie die schwachen, krummen Glieder gerade werden, wie Kinder, die weder gehen noch sitzen konnten, in einigen Wochen ihre Füßchen brauchen lernen und wie die Äuglein, die erst so düster von dem durchgemachten Elend sprachen, allmählich in kindlicher Freude aufleuchteten.

Ach, es ist schön, diesen Elendesten zu dienen, und das Wort, welches einst die ägyptische Königstochter der Mutter des kleinen Mose zugerufen hat, findet auch heute noch aus dem Mund des Himmelskönigs an seine Dienerinnen eine neue Bedeutung: »Nimm dies Kindlein und pflege mir's, ich will dir's lohnen!« Manches arme, kleine, weggeworfene Kind, das niemand mochte und das unzweifelhaft einem Leben des Jammers und der Verwahrlosung entgegengegangen wäre, hat im »Sonnenland« treue, sorgfältige Pflege gefunden und ist dort zu einem gesunden, fröhlichen Kind erblüht, das später hin und her in den Heimaten ein Plätzchen fand, wo es sich weiter entwickeln konnte. Über 60 Kinder werden jahraus, jahrein im Sonnenland verpflegt, und auch für diese kleinen Verlassenen ließ es der Vater im Himmel nie am Nötigsten fehlen. Gelobt sei er!

Auf der anderen Seite des breiten Lindenweges ist das Handwerkerhaus; unten rechts ein Teil der Wäscherei und oben die Wohnungen unserer treuen Mitarbeiter und ihrer Familien. Welchen Schatz haben wir an diesen Männern, die gern um des Werkes willen, dem sie ihre Kraft zur Verfügung gestellt haben, auf die höheren Gehälter in unserem Industriebezirk verzichten! Sie arbeiten in einem Geist der Liebe und des Friedens mit den ihnen unterstellten Hilfskräften und sind ein unschätzbarer Bestandteil unserer Friedenshortgemeinde.

An dieses Hasus schließt sich eine Flucht von Gebäuden: Pferdestall, Wagenremise und Schweinestall, auf der Westseite des Grundstücks die Tischlerei mit elektrischem Betrieb. In der Verlängerung der erstgenannten Häuserreihe liegt auch unsere große Wäscherei, verbunden mit der daneben liegenden Schlosserei und dem Dampfkessel, der zugleich für die Fernheizung sorgt. Eine Treppe hoch, über der Wäscherei, liegt das Heimatbüro, in welchem zwei Schwestern die Akten von über 1200 Kindern verwahren, die Korrespondenz mit den Heimaten, den Behörden und Angehörigen führen und jedes freiwerdende Plätzchen der 39 Niederlassungen der »Heimat für Heimatlose« gleich wieder mit einem wartenden Kindlein füllen. Der schwerste Teil dieses stillen Dienstes ist die Notwendigkeit, so viele hilfesuchende junge Mütter mit ihren verlassenen Kindern aus Mangel an Platz zurückweisen zu müssen.

Auf der linken Seite des Hauptweges, durch eine Gartenanlage vom »Sonnenland« getrennt, an der Nordostgrenze, ist die Herberge, die den Aufenthaltsraum für die unverheirateten Mitarbeiter bildet. Dort ist die Bäkkerei, die von Schwestern betrieben wird, das Gesellenheim, die Schuhmacherwerkstatt und die Tagesräume für die Angestellten. Dahinter liegt, von einem reichtragenden Birnbaum überschattet, der Blaukreuzsaal, in dem regelmäßige Versammlungen für die Rettung von Trinkern abgehalten werden.

In seiner Nähe ist die freundliche Baracke, deren Räume dem Kindergarten und dem Kinderhort dienen. Dort herrscht an den Vor- und Nachmittagen ein fröhliches Treiben. Jeder dieser Säle wird von etwa 80 Dorfkindern besucht, deren Mütter sich von Zeit zu Zeit abends zu gemütlichem Zusamensein dort vereinen. Vor dem Kindergarten liegt das kleine Ziergärtchen des Kinderhorts, das den größeren Kindern die Gelegenheit zu gärtnerischer Betätigung gibt. Die armen Industriekinder haben ja in den seltensten Fällen ein Gärtchen, ja nicht einmal Gelegenheit, je ein Blümchen von nahem zu sehen oder gar zu pflücken. Da ist der beetereiche Hortgarten mit all den schönen Stauden und Pflanzen eine Quelle der Freude.

Wenn wir den Hauptweg weiter verfolgen, kommen wir auf der linken Seite nach »Maranatha« – der Schwestern-Schule, einem Barackenbau mit 20 Einzelstübchen für Schwestern und einem großen, freundlichen Lehrsaal in der Mitte. Dies Haus wurde im Jahre 1908 von dem Erlös eines Perlengeschmeides meiner geliebten Schwester Helene gebaut. Daneben erhebt sich unser Schwesternhaus, die »Zionsstille«, von der später die Rede sein wird. Überragt wird sie von der Kirche, die, in frühgotischem Stil erbaut, Raum bietet für die Friedenshort- und Dorfgemeinde. Das Altarbild zeigt unter dem Kreuz von Golgatha einen Bergmann und einen Hüttenarbeiter, in Anbetung kniend. Jeden Sonntag erschallt von dem Chor der Gesang der Schwestern oder der Haustöchter, und die frohe Botschaft von der rettenden Gnade wird in Ernst und Treue verkündigt.

Zu Füßen der Kirche ist der alte kleine Friedhof mit den schön gepflegten Schwesterngräbern. Die schlichten, liegenden Kreuze geben durch ein kurzes Wort Kunde von dem Sieg der Gnade in dem Leben und Leiden der dort Ruhenden. Dahinter das zweistöckige freundliche Pfarrhaus, in dessen unteren Räumen das Pfarrbüro und ein Schlafraum für Helferinnen untergebracht sind.

Nach Südosten liegt das kleine »Häuschen«, aus rohen Holzstämmen gebaut, innen Bretterwände und schlicht gezimmerte Hausgeräte. Die Kinder, die früher hier wohnten, sind teils herangewachsen, teils in anderen Heimaten auf dem Land untergebracht. Über der Eingangstür in der Mitte stehen die Worte: »Eigentum Jesu Christi.« Vom kleinen Eingangsflur aus tritt man links in die »Bunte Stube«, die früher in besonderer Weise den Armen und Kranken des Dorfes als Zuflucht und Heilstätte diente. Hier wurden Wunden verbunden, Medizin verabreicht, Rat und Hilfe gewährt. Manches arme, verlassene, schwerleidende Menschenkind durfte im Häuschen seine letzte Wegstation finden und sich getröstet, geliebt und gepflegt auf die Ewigkeit vorbereiten.

So die kleine verkrüppelte Zwergin Jadwiga mit ihrer Mutter, eins der wunderlichsten Menschenkinder, die wir je gesehen haben. Auch an ihr hat die Gnade gearbeitet, und die Liebe hat den Sieg über sie errungen.

Nun ist sie schon längst in der Ewigkeit. Auch Rosel, die früher ihre elende Unterkunft im Pferdestall eines Bauernhofes hatte, durfte hier das letzte Jahrzehnt ihres Lebens im Frieden zubringen. Fast immer sah man sie mit friedlichem Angesicht über die Bibel gebeugt oder in einem Erbauungsbuch lesend. Gottes Wort war ihr zur Kraft geworden.

Inzwischen wurde die Behandlung der Kranken durch die Schwestern untersagt, und die bunte Stube bekam einen anderen Zweck und ein anderes Gepräge. Sie ist jetzt das Privatsekretariat der Friedenshortmutter, die mit ihrer Sekretärin und Hausschwester in diesem kleinen Häuschen wohnt.

Gegenüber vom Flur sind die beiden Wohnzimmer, auch im einfachsten Bauernstil gehalten, mit ihren tannenhölzernen Tischen, Bänken und Schemeln. Polstermöbel und Sofas sind im Friedenshort kaum zu finden, am wenigsten im Häuschen. Das hintere Stübchen dient hauptsächlich zu stillen Aussprachen und gemeinsamem Gebet. Manchmal versameln sich dort auch die Schwestern zu fröhlich-ernstem Zusammensein im kleinen Kreis um ihre Mutter.

Die kleine Küche geradeaus vom Flur mit ihren Tellerborden und vielen bunten Töpfchen und Näpfchen ist das Entzücken jeder Hausfrau, und auch wir lieben unsere kleine Küche. Eine Treppe hoch ist das Schlafstübchen der Hausschwester, und gegenüber ist das Schlaf-, Arbeits- und Betkämmerlein der Mutter; von dort spinnen sich Fäden über die ganze Erde.

Im blumenreichen Gärtchen gibt es auch eine große und eine kleine Laube, die im Sommer gern genutzt wird. Da blühen Rosen und Lilien, Georginen und Malven, und die tausendblütige Kresse umrahmt und umrankt das schlichte, braune Holzhaus mit seinen weißen Fenstern und grünen Fensterläden wie mit einem bunten, vielfarbigen Kranz.

Jenseits des Gärtchens liegt ein langgestrecktes Haus, wie ein Gedankenstrich. Es heißt die »Engelwacht«, weil früher auch hier Kinder wohnten. Jetzt ist in der Mitte die Druckerei untergebracht, die von zwei Schwestern bedient wird; auch das Binden der Bücher wird von ihnen besorgt. Außer einigen Schwesternstuben und Lagerräumen befinden sich in dem Haus noch die große, gemütliche Flickstube, in der die alten Schwestern ein Feld dankbarer Betätigung haben, und das Sternenbüro. Hier hat der Sternenbund seine Zentrale, der – unter Schwester Annies Oberleitung stehend – etwas 5000 Sterne und Sternchen umfaßt. Die Sterne sind die Freunde unserer Kinder, und es ist in kurzen Worten nicht auszusprechen, welche Ströme innerer und äußerer Segnungen durch diesen Bund und seine Glieder in den Friedenshort und in die »Heimaten für Heimatlose« draußen geleitet werden.

Unterhalb der Kirche, nach Westen zu, liegt die »Gnadenpforte«. Es ist ein Barackenbau mit über 20 kleinen Einzelstübchen und einem großen Saal in der Mitte. Hier schlafen junge Schwestern und Helferinnen, die im großen Friedenshortgebiet tätig sind. Zu unserer Freude konnten wir die Gnadenpforte mit einer Dampfheizung versehen, so daß sie auch im Winter bewohnbar ist.

Wenige Schritte weiter ist die »Gottesruhe«, ein freundliches, lichtvolles Haus, an dessen Vorderseite neben dem Eingang die Worte stehen: Suchst du Ruh'? Hier und dort ist keine Ruh', als bei Gott! Ihm eile zu – Gott ist die Ruh'! Früher diente dies Haus den Erholungsschwestern und Gästen. Jetzt haben wir außer einigen Gaststuben und dem behaglichen Wohnzimmer auch den Lehrsaal des Kindergarten-Seminars in diesem Haus.

An der Südwestecke des Gartens liegt Christaram, das stille, freundliche Haus, das unseren kranken Schwestern zum Aufenthalt dient. Die Stübchen sind mit allem Nötigen sorgfältig eingerichtet; ein größeres Zimmer oben bietet Platz für mehrere Betten, und an der Südseite ist eine Veranda, die den leidenden Schwestern Raum zu geschützten Liegekuren gewährt. Der Name »Ruhe in Christo« erinnert an unsere kurze Missionsarbeit in Indien und ist uns bedeutsam für den Aufenthalt unserer Schwestern, von denen viele an Leib und Seele gestärkt wieder zurückgekehrt sind in den Kampf des Lebens, andere aber in tiefem Frieden eingehen durften in die ewige Ruhe.

Im Süden dehnt sich nun der große, gut gepflegte Garten aus – ein herrlicher Garten, auf dem Gottes Segen sichtbar ruht. Dort wächst eine Fülle von Gemüsesorten, Früchten und Blumen, außerdem dient er zur Ernährung und Freude für den ganzen Friedenshort und darüber hinaus. Früher haben wir durch Verkauf die Barausgaben zu decken gesucht, jetzt aber wird fast der ganze Ertrag vom Gemüse und Obst im Friedenshort selbst verbraucht. Der Garten steht unter der Leitung von Schwester Adelheid (die mit ihren Geschwistern aus dem fernen Westindien zu uns kam), und deren Gehilfinnen, Schülerinnen und Haustöchter arbeiten stundenweise oder tageweise abwechselnd mit. Das kleine idyllische Gärtnerhäuschen, grün umrankt und mit Blumen verziert; das Weinhaus, in dem alle Jahre für die Kranken eine Fülle schöner Trauben reifen; die verschiedenen Plätze und Lauben – das alles gehört mit zu dem äußeren Schmuck unseres Friedenshorts, und mit tiefer Dankbarkeit erinnern wir uns imer wieder an die göttliche Bewahrung, die er unserem Garten auch in den Zeiten äußerer Unruhe und Gefahr zuteil werden ließ. Auch an Hühnern, Tauben, Ziegen, Hunden und Katzen fehlt es nicht; sie sind erfreuend und nutzbringend zugleich.

An der äußersten Südgrenze unseres Gebietes liegt auf einem später geschenkten Grundstück das neueste und schönste unserer Häuser – »Heilig dem Herrn«. Es wurde am 8. Mai 1927 unter großer Beteiligung eingeweiht und enthält außer 60 kleinen Einzelstübchen und einigen größeren Räumen eine eigenartig schöne Halle, die zu Versammlungen, Stunden, Festfeiern und Schwestern-Zusammenkünften dient. Ein Holzschnitzer, der gerade im Friedenshort anwesend war, schmückte den Raum mit einer mächtigen hölzernen Säule, dem Stamm einer Riesentanne, in deren verästetem Kapitell die vier Symbole natürlicher Schwesterntugenden zu finden sind: das Vogelnest, das Eichkätzchen, der Auerhahn und die Eulc – Mütterlichkeit, Sparsamkeit, Wachsamkeit und Weisheit. Auf der Holztäfelung eingegraben sind die Worte aus Kolosser 3, 12. 14–16 und erinnern die Schwestern an die Gesinnung, die sie als echtes Dienstkleid aufzuweisen haben.

Auch dies Haus ist eine sichtbare Gebetserhörung, haben wir es doch mit 500 Mark begonnen und ohne Schulden vollendet. Über dem von Säulen getragenen Eingangsportal stehen die Worte: Gott hört Gebet!

Wenden wir uns jetzt wieder dem Nordwesten zu, so kommen wir an das erste Haus »Friedenshort«, von dessen Entstehung der Anfang dieses Büchleins erzählt. Im Laufe der Zeit hat es hier auch manche Veränderung gegeben. Unten befinden sich die Büroräume der Friedenshortkasse, die Auskunftei, einige Schwesternzimmer, die Schwesternstube und der Bereich von Schwester

Annie, der Sternchentante, mit der Veranda, die als Aufenthaltsraum zu Besprechungen und kleineren Zusammenkünften dient. Eine Treppe hoch ist der große, helle Schlaf- und Wohnsaal der »Tautropfen-Familie« mit der kleinen Küche daneben und gegenüber die Kapelle, das stille Heiligtum, in dem die Schwestern sich jeden Morgen um 7 Uhr zur Andacht versammeln und die auch tagsüber für stille Stunden und abends hin und wieder zu gemeinsamen Gebetsstunden dient. Auch die Einsegnungen der Schwestern werden in diesem kleinen, trauten Raum vollzogen, nur im engen Kreis der Hausgemeinde.

Nördlich vom Friedenshort sind die Räume des Haustöchterkreises, die für 24 konfirmierte Mädchen eingerichtet sind. Teils sind es die eigenen Kinder, die nach der Schulentlassung zur weiteren Ausbildung dahin überwechseln; teils Töchter aus anderen Familien, die während zweier Jahre in den verschiedenen Gebieten der Hausarbeit beschäftigt werden und, in den Häusern hin und her verteilt, unter der Anleitung der Schwestern ihre Arbeit tun. Sie haben einen großen Wohnsaal, freundlich ausgestattet, und drei Schlafräume. Schwester Valeska macht es sich zur Aufgabe, diese jungen Mädchen in dem wichtigsten, entscheidungsreichsten Alter auf das *Eine*, was not ist, hinzuweisen und ihnen das Beste mitzugeben, was ein Mädchenherz für den Kampf des Lebens braucht: die Gewißheit des Heils in Jesus. Aber auch zu äußerer Tüchtigkeit, zur Pflichttreue und zur Ordnung werden diese jungen Töchter erzogen.

Über der Haushaltungsschule und im rechten Winkel den Innenhof abschließend, ist das Reich der Schülerinnen und Probeschwestern, für die 50 Betten in verschiedenen Sälen und einigen kleineren Stuben bereitstehen. Auch die Probemeisterin und ihre Gehilfin wohnen dort, und ein nach Süden gelegener freundlicher Wohnsaal versammelt die jungen Schwestern in den Abendstunden und zu den kleinen Mahlzeiten. Jedes Bett ist durch ein Gardinchen oder eine Holzwand abgegrenzt, so daß die Bewohnerin ihres Eckchens sich auch in der großen Schar doch in ihr kleines verborgenes Winkelchen zurückziehen kann. Das Bedürfnis nach Augenblicken des Alleinseins ist ein heiliges und berechtigtes. Hier fängt die erste Stufe der Schwesternlaufbahn an. In der Regel soll der Aufenthalt im Mutterhaus ein Jahr lang dauern; aber oft treibt die Not dazu, die jungen Schwestern schon nach einem halben Jahr oder etlichen Monaten hinauszusenden. Für die meisten ist die Zeit im Friedenshort von großem innerem Wert, und bei tüchtiger Arbeit bekommt ihnen das regelmäßige Leben gut, so daß die meisten sich auch körperlich kräftiger entwickeln.

Den Innenhof schließen die Häuser im Viereck ein, die von der anderen Seite die lange Front am Lindenweg bilden. Hier ist das Schwalbennest, unsere älteste Kinderfamilie, die 20 Kinder aller Altersstufen umfaßt. Der helle Schlafsaal mit den blauweißen Kacheln stammt noch aus der allerersten Zeit, der Wohnsaal wurde später aus der Scheune zurechtgebaut und wird zugleich als Wohnküche benutzt. Eine Treppe höher sind die Rotkehlchen mit 14 Kindern und auf der anderen Seite »Mutters Freude« mit 12 Kindern. Das Mütterchen mit ihrer jungen Gehilfin kann sich ganz den Kindern widmen, und durch die eigene Küche bekommt das Ganze einen durchaus familienmäßigen Charakter. Ein kleines Gärtchen, das von Schwestern und Kindern selbst bestellt wird, gehört noch dazu; dort wird für die eigene Küche das Gemüse gezogen, auch Blumen zum Schmuck und Obst zur Freude, und ein Kaninchenstall liefert von Zeit zu Zeit den erwünschten Sonntagsbraten.

Eine zweiklassige Anstaltsschule mit angeschlossener Hilfsschule für die weniger Begabten ermöglicht eine einheitliche Erziehung in Schule und Haus, und das höchste Ziel, die Kinder schon früh dem Freund der Kinder, dem Erretter aus Sündennot und Befreier vom Bann der Schuld zuzuführen, macht uns die Arbeit an den Kindern zu einem heiligen Werk. Der persönliche Kontakt eines Kinderherzens mit der göttlichen Kraft der Gnade, die erneuert, ist die größte Hilfe in der Erziehung, und zu unserer Freude dürfen wir es oft erleben, wie auch schwierig veranlagte, aus schlimmen Verhältnissen stammende Kinder, innerlich verwandelt, dann auch in ihrem Verhalten in Schule und Haus die Früchte eines neuen Lebens zeigen. Da die Kinderfamilien im Friedenshort auf verhältnismäßig engem Raum leben, haben wir im Lauf der Zeit die Jungen nach den ländlichen Heimaten verpflanzt und widmen uns hier nur der Mädchenerziehung. Die Größeren übernehmen den Kleineren gegenüber geschwisterliche Pflichten und helfen so dem Mütterchen in der vielfältigen Arbeit. Das Leben in unseren Familien ist ein kindlich frohes, und die meisten denken später in dankbarer Liebe an die glückliche, sonnige Kinderzeit zurück, die durchleuchtet war von dem Licht der Liebe aus der oberen Welt. Wichtig ist es, daß die Kinder schon früh an den Nöten und Gebetserhörungen teilhaben. Fehlt es an irgend etwas, so treten die Kinder mit dafür ein, und kommt dann die Erhörung, wie das ja fast täglich erfahren wird, so ist die Freude immer wieder groß, und das Erleben Gottes wird ihnen für ihr ganzes Leben bedeutsam sein.

Nur ein Beispiel sei hier angeführt. Die Rotkehlchenkinder hatten ihre Bettdecken ausgewachsen. Sie beteten, da sie sich nicht mehr genügend in ihre zu kurzen Bettchen einhüllen konnten, um Wolldecken. Fern in

Konstanz am Bodensee hörte ein Jünger Jesu, der sich gerade mit dem Verkauf von 100 Wolldecken beschäftigte, eine deutliche Gottesstimme: Die Decken gehören mir! Der Kaufmann wußte zuerst nicht, in welcher Weise er sie dem göttlichen Befehl entsprechend verwenden sollte. Da erfuhr er von der Durchreise zweier Bibelhausschwestern, von denen er noch nie gehört hatte. Er schrieb an die ihm genannte Adresse und fragte, ob sie dort Wolldecken brauchten und ob sie noch andere Häuser wüßten, die sie nötig hätten. Die mit uns befreundeten Leiterinnen des Bibelhauses nannten unter anderen den Friedenshort. Da kommt zu unser aller Überraschung die Anzeige, daß eine Sendung Decken unterwegs sei. 26 schöne, reinwollene Schlafdecken und dazu zwei Schutzdecken für unsere Pferde! Welch ein Gott! Wie hört er auf die Gebete seiner Kinder!

Jenseits der Chaussee, südwestlich von dem Wirtschaftshof des Friedenshorts, liegt das »Valeskastift« mit der »Kreuzhilfe« und der Baracke. Von freundlichen Anlagen umgeben, bietet es Raum für etwa 80 Erwachsene. Über der Tür des Valeskastiftes stehen die Worte: »Die, so im Elend sind, führe in das Haus!« Und dieser Gottesbefehl aus dem Buch des Propheten Jesaja, der mir zur persönlichen Berufung in den Dienst geworden war, ist uns maßgebend geblieben. Allerhand Elend birgt das Valeskastift. Greisinnen bis in die höchsten Altersstufen, Gelähmte und allerhand Kranke (die man normalerweise unheilbar nennt), Lahme, Blinde, Behinderte, Schwachsinnige, Beschränkte, Gefährdete – allerlei Menschenkinder, junge und alte, die draußen im Leben keinen Platz, keine Pflege, keine Heimat mehr hatten und die sich zu uns flüchteten, um hier im Frieden leben und sterben zu können. Trotz dem vielen verschiedenartigen Elend ist es doch ein Haus der Freude, und von vielen Angesichtern leuchtet der Friede Gottes. Hier macht weder die Konfession noch die Nation einen Unterschied; nur die Not entscheidet. Die meisten sind für ganz geringe Pflegegelder oder kleine Einzahlungen von einigen hundert Mark vor Jahren oder Jahrzehnten aufgenommen worden, viele ganz umsonst, und kaum für eine wird ein Pflegegeld in der heute erforderlichern Höhe gezahlt. Aber der Gott, auf dessen Befehl hin die Elenden ins Haus geführt werden, sorgt für die Seinen.

Im Garten des Valeskastiftes steht ein Barackenbau. Dort schlafen eine Anzahl erwachsener Insassen, und eine freundliche Stube mit dem Namen »Die Offene Tür« bietet Zuflucht für Kinder, die vorübergehend aufgenommen werden mußten, weil die häuslichen Verhältnisse eine Unterbringung erforderten.

Das freundliche Gärtchen ist mit einer hohen Mauer umgeben, die die Bewohner vor der Roheit der Straßenjugend und vor dem Staub der Straße schützt. Da sitzen und ruhen im Sommer die Kranken und Gebrechlichen unter grünen Bäumen und freuen sich an dem Anblick der Blumen und an dem Gesang der Vögel.

Eine besonders geliebte Stätte im Valeskastift ist der Krankensaal mit seinen 12 Betten, die meist mit gelähmten, pflegebedürftigen Gebrechlichen besetzt sind, und die Stube der Behinderten mit den ganz verkrüppelten und zum Teil schwachsinnigen Pfleglingen. Welch ein Schatz sind gerade diese Ärmsten und Elendesten! Hier wohnte 35 Jahre lang das blinde verkrüppelte Mariannchen. Ihre Leidensschwester Marandel, ebenfalls ganz verkrüppelt, liegt auch schon über 30 Jahre an derselben Stelle, und die kleine blinde Idel mit dem Wasserkopf und den ganz verkrümmten Beinen ist uns oft eine Predigt in ihrer rührenden Geduld und inneren aufgeschlossenheit für das Heil in Christus.

Neue Gnadenführungen

Einen besonderen Abschnitt in der Entwicklung unseres Werkes bedeutete der Bau und die Einweihung der »Zionsstille«, unseres Schwesternhauses, welches wir bei der Wanderung vorher nur streiften.

Um den Saal, der von fünf gotischen Fenstern auf der Sonnenseite erhellt wird, zieht sich auf drei Seiten in halber Höhe eine Holzgalerie. Unten und oben münden in sie 14 Stübchen, die zum größten Teil von älteren Schwestern bewohnt sind. Der Raum von 8 zu 13 Metern dient zu den täglichen Mahlzeiten, zu Bibelstunden und Versammlungen. Durch die Mitbenutzung der Galerie und die Möglichkeit, auch noch die Stübchen zu öffnen, können mehrere hundert Personen Platz finden. Den Schmuck des Saales bildet ein großes Kreuz; ein Christuskopf aus Ton auf der entgegengesetzten Seite, Geschenk des Kaisers Wilhelm II. im Jahre 1906, und der Spruch aus dem 1. Thessalonicherbrief 3, 12. 13, der sich an drei Wandseiten des Saales herumzieht; außerdem im Sommer eine Fülle von Blumen. Auch liebe Mitbewohner haben wir in unserem Schwesternsaal, das sind die Schwalben, die alljährlich zu mehreren Paaren in die Zionsstille einziehen, ihre Nester bauen und ihre Eier ausbrüten. Zwitschernd kommen sie, in manches Lied stimmen sie jubelnd mit ein, und wenn sie uns im Herbst verlassen, dann ist es, als wollten sie danken für die erfahrene Gastfreundschaft.

Unauslöschlich bleibt die Einweihung dieses Hauses in unsere Erinnerung eingegraben. Es war in den ersten Oktobertagen 1905, als nach längerer, stiller Vorbereitung durch das Wirken des Heiligen Geistes eine mächtige Erweckung ausbrach. Die große Festversammlung, Schwestern, Gäste, Pfleglinge standen unter dem Eindruck der heiligen Gegenwart Gottes, der in überwältigender Weise sich unter uns bezeugte – richtend, begnadigend, segnend. Die einen wurden zur Buße, die anderen in ein neues Leben der Freiheit und Kraft geführt. Der Geist der Liebe und des Gebetes wurde reichlich über uns ausgegossen, und es war uns, als hätte der unsichtbare und doch gegenwärtige Herr nicht nur das Haus, sondern auch unsere Herzen in Besitz genommen, um sich aus lebendigen Bausteinen einen geistlichen Tempel zu erbauen, wie der Spurch an der Südfront des Hauses es anzeigt: »Und auch ihr als lebendige Steine erbaut euch zum geistlichen Hause und zur heiligen Priesterschaft, zu opfern geistliche Opfer, die Gott wohlgefällt sind durch Jesus Christus« (1. Petr. 2, 5).

Diese Segenszeit bedeutete einen Wende- und Ausgangspunkt, einen neuen Abschnitt in der Geschichte unseres Mutterhauses. Fünfzehn Jahre hatte es in stiller Verborgenheit seine Arbeit der Barmherzigkeit getan, und erst 50 Schwestern waren es, die sich allmählich zusammengefunden hatten. Zusammengeschmolzen durch das Feuer Gottes, wurde unsere kleine Schwesternschaft nun auf den Boden ganzer Entschiedenheit gestellt, und wunderbar! – von nun an strömten die Schwestern aus den verschiedensten Gegenden und Ländern herbei, so daß jährlich 20, allmählich bis 50 und mehr Schwestern bei uns eintraten.

Das Wachstum des Werkes, die Unterhaltung, verbunden mit den großen Ausgaben für Neubauten und Einrichtungen, machten den Verbrauch aller noch flüssigen Gelder nötig, während das eigentliche Stiftungskapital statutenmäßig festgelegt war und nicht angegriffen werden durfte. Die Zinsen des Kapitals reichten nicht mehr, wie früher, zur Bestreitung der laufenden Ausgaben, und wir sahen uns vor eine neue Entscheidung gestellt. Entweder mußten wir unser Liebeswerk beschränken, dem Elend die Aufnahme verweigern und Einnahme und Ausgabe miteinander in Einklang bringen, oder es galt jetzt einen Weg des Glaubens in bezug auf die äußere Versorgung zu betreten, der uns bisher noch unbekannt war. Dieser Schritt erforderte in erster Linie völlige persönliche Armut und Besitzlosigkeit von meiner Seite, denn nur wenn man alles gegeben hat, empfängt der Glaube die Kraft, alles von Gott zu erwarten und ihm allein zu vertrauen. Als dies geschehen war, begann die Übung, die in schwere Proben hineinführte, uns aber auch herrliche und wunderbare Erfahrungen von der Macht des Gebetes und der Treue Gottes machen ließ.

Unter den unzähligen Erlebnissen sichtbarer, oft buchstäblicher Hilfe weiß ich kaum einzelne Beispiele herauszuholen. Die Umleitung unseres wirtschaftlichen Betriebes in ein Glaubenswerk war von einer gewaltigen Gebetserhörung begleitet. Unsere Ausgaben hatten ein Defizit von 11000 Mark erreicht, für die es aus den laufenden Einnahmen keine Deckung ab. Es war mir klar, daß wir nur dann dem Beispiel der Glaubensmänner Francke, Müller, Hudson Taylor u. a. folgen konnten, wenn wir, ohne Schulden zu machen und ohne uns bittend an Menschen zu wenden, unser Vertrauen allein auf den Herrn setzten. Nun standen wir diesem großen Fehlbetrag gegenüber, während die täglichen Ausgaben dauernd die Einnahmen zu übersteigen drohten. Da wagte ich, verbunden mit nur wenigen Schwestern, vom Herrn die Summe von 11000 Mark bis zum 1. Juli zu erbitten. Es waren noch ungefähr sechs Wochen bis dahin. Gaben gingen damals für den Friedenshort kaum ein. Es herrschte bei der Bevölkerung und in den weiteren Kreisen noch die irrtümliche Annahme, ich sei reich. Zum erstenmal erhielten wir wenige Tage nach Beginn dieses Glaubensgebetes 3000 Mark von einer oberschlesischen Industriegesellschaft. Die Nachricht erreichte uns bei Tisch. Wir erhoben uns von den Sitzen und stimmten ein Tedeum an. Kleine Gaben folgten; jede wurde mit Freude und Dank begrüßt. Noch war es erst ein Viertel der benötigten Summe und nur noch 14 Tage bis zu dem Termin, an dem die neue Rechnung beginnen sollte.

Meine verwitwete Schwester Helene rief mich, um ihr beim Suchen eines Wohnsitzes behilflich zu sein, da sie auf göttlichen Befehl ihr Pachtgut in Pommern verlassen hatte. Vergeblich durchfuhren wir einen Landkreis Schlesiens nach dem anderen und kamen zuletzt nach Marschallen, dem kleinen Restgut, das wir zur Ausdehnung unserer Friedenshortarbeit von unserer Gartenschwester Friede erworben hatten. Eben diese Schwester, die ich auf ihrem Weg begleitete, hatte mir vor einigen Monaten den Betrag zum Ankauf dieses Restgutes geschenkt. Er betrug 16000 Mark. Jetzt wollte sie am Schluß der Tour diese Stätte kennenlernen. Beim Eintritt in das verödete Haus, das durchaus keine Reize bot, vernahm sie Gottes Befehl, sich hier niederzulassen, und gehorsam dieser Stimme fragte sie mich, ob ich bereit sei, ihr Marschallen zurückzugeben. Da gab's keine Frage, und ich legte den kaum übernommenen kleinen Besitz in ihre Hände. Gott hat seine Liebesgedanken hierdurch in doppelter Weise verwirklicht. Marschallen konnte sich nur in der Hand und unter der Leitung meiner Schwester zu dem entwicklen, was es geworden ist, und durch die nochmalige Auszahlung der 16000 Mark wurde es uns möglich, bis zum 1. Juli nicht nur sämtliche Schulden zu decken, sondern noch 5000 Mark als Betriebskapital in den neuen Abschnitt hinüberzunehmen.

Es soll nur kurz erwähnt werden, daß nach 14jähriger gesegneter Wirksamkeit meine liebe Schwester diese Segensstätte wieder verlassen mußte, nachdem weit über hundert Kinder dort eine Heimat gefunden hatten. Die politischen Umwälzungen brachten Marschallen unter andere Herrschaft. Im Jahr 1921 zog sie mit den Schwestern und den deutschen Kindern nach Pommern in das ihr gehörende Kinderstift in der Nähe von Stralsund und setzte dort, äußerlich im kleineren Maßstab, innerlich immer tiefer gesegnet, ihre Liebes- und Glaubensarbeit fort.

Doch nun zurück in jene Zeit ums Jahr 1908!

Auf diese erste große Erfahrung folgten ungezählte weitere. Der Glaube an die wörtliche Zuverlässigkeit der göttlichen Verheißungen war inwendig in uns geboren worden und konnte sich im Laufe der Jahre entwickeln. Monat für Monat, Jahr für Jahr konnten wir unsere Friedenshortrechnung ohne Defizit schließen. Stand die Sache einmal ernst, so gingen wir alle miteinander ins Gebet, und die Opferwilligkeit unserer eigenen Friedenshortbewohner war oft tief ergreifend. Ohne Namensnennung lagen die kleinen Sümmchen auf dem Schreibtisch oder in der Bibel oder an irgendeinem anderen Ort, und mehr wie einmal haben die Schwestern freiwillig auf ihr Taschengeld verzichtet. Wir hatten damals noch kein Blatt, das von unserer Arbeit berichtete; aber schon in jener Zeit fing Gott an, uns einen Freundeskreis zu erwecken, und die Gaben gingen ganz im Verhältnis zu unseren Bedürfnissen ein.

Im Jahr 1913 beschlossen wir die Herausgabe eines Berichtsblattes mit dem Namen »Im Dienst des Königs«. Seine Aufgabe ist, für empfangene Wohltaten zu danken und von den Durchhilfen Gottes Zeugnis abzulegen. Nöte wurden erst dann erwähnt, wenn sie vorüber waren. Das Blatt wurde in fast 10 000 Exemplaren gedruckt, und die meisten der Leser sind unsere treuen und unermüdlichen Freunde geworden, mit denen wir uns innerlich verbunden fühlen.

Dieses Kapitel möchte ich schließen mit den Worten Garves:

Welch ein Herr!
Ihm zu dienen, welch ein Stand!
Wenn wir Seines Dienstes pflegen,
lohnt Er unsrer schwachen Hand
armes Werk mit reichem Segen.
Wallen wir, so wallt Sein Friede mit
Schritt für Schritt.

Erweiterte Grenzen

Besonders waren es die Kinder in ihrer vielfachen Not und Verwahrlosung, die unserer Hilfe bedurften. Im Laufe der Jahre war der Friedenshort bis auf den letzten Platz gefüllt. Aus Mangel an Betten schliefen die Kleinsten in Körben, Badewannen usw. Zum Bau neuer Häuser (24 waren es bereits!) fehlte der Platz, auch war das dazu nötige Geld nicht vorhanden. Im Glauben empfingen wir von einer Woche zur anderen, was wir zur Erhaltung des großen Werkes bedurften. So lagen die Verhältnisse, als der Herr in seiner Gnade mir aufs neue das Elend der Kinder, deren Not ich beständig vor Augen hatte, wie eine schwere Last aufs Herz legte. Zwischen Weihnachten und Neujahr 1910 erreichte sie einen solchen Höhepunkt, daß ich es nicht länger ertragen konnte. Unaufhörlich schrie ich zu Gott, und gleich einer inneren Offenbarung kam die Antwort: »Heimat für Heimatlose!« Nun war ich ruhig in der Gewißheit, daß Gott die Sache in die Hand nehmen würde. Mehrere Schwestern vereinigten sich mit mir zu täglichem Gebet, und ungesucht kamen mir die Worte zu folgendem Gedicht, das Gott in der nächsten Zeit zur Ausbreitung dieses Gedankens unter seinen Kindern in Deutschland gebrauchte.

Heimat für Heimatlose

Es gibt ein stummes, hoffnungsloses Weh,
ein klageloses, unverstandnes Sehnen,
viel Jammer birgt die Erde, doch ich seh
im Geist in Meer, ein Meer von Kindertränen.

Kennt ihr die Kleinen mit dem trüben Blick?
Im Auge liegt es wie ein stilles Fragen.
Sie wissen nichts von frohem Kinderglück,
ihr Leben ist ein Dulden und Entsagen.

So manch ein Kind tritt ein in diese Welt
und trägt den Fluch von seiner Eltern Sünden.
Wißt ihr, was einem solchen Kinde fehlt?
Ach, es kann nirgends eine Heimat finden!

So geht es ungepflegt und ungeliebt
dahin auf seinen dornenvollen Wegen;
was es an Jammer und Versuchung gibt,
tritt solchem Kind schon allzufrüh entgegen.

Manch arme Seele, bis jetzt schuldgebeugt
dort hinter Mauern im Gefängnis schmachtet,
kam nur so weit, weil niemand ihr gezeigt,
was Liebe ist, weil alle sie verachtet.

Weil niemand ihren stummen Schrei verstand,
weil Herz und Häuser ihr verschlossen blieben;
da hat das Kind sich trotzig abgewandt
und folgte blind nur noch den eignen Trieben.

An Leib und Seele siecht es früh dahin,
ein Opfer fremder Schuld und eigner Sünde.
Sagt, kam es euch noch niemals in den Sinn,
die Retterhand zu reichen solchem Kinde?

Habt ihr noch niemals Jesu Wort gehört:
»Wer solch ein Kind aufnimmt in Meinem Namen,
Der nimmt Mich auf?« O tut, was Er begehrt!
Groß ist der Lohn, denn Er spricht selbst das Amen.

In einem jeden Kinderleben liegt
ja eine ganze Welt von Möglichkeiten.
Ob Licht, ob Finsternis darinnen siegt,
was kann das für die Ewigkeit bedeuten!

Die Not der Kinder ist mir aufgelegt
wie eine Last aufs Herz, und ich will flehen,
bis mein Gebet der Allmacht Arm bewegt
und meine Augen die Erhörung sehen.

Bis vor den Toren jener großen Stadt*,
abseits vom Lärm der lauten, bunten Gassen,
ein Haus entsteht, das Raum für Kinder hat,
die arm und hilflos, elend und verlassen.

Ein großes Haus, erbaut von Gottes Hand,
im Garten Vogelsang und Duft der Rose,
und hoch vom Giebel leuchtet weit ins Land
das goldne Wort: Heimat für Heimatlose!

Dort soll das Tor allzeit geöffnet sein
für die geringsten unter allen Kindern.
Wer heimatlos und elend, kehrt dort ein;
und Liebe wird den tiefsten Schaden lindern.

Das Sonnenlicht des Himmels stillt das Weh.
Verwelkte Blumen können neu erblühen,
ein Freudenstrom aus Gottes lichter Höh
soll durch die kleinen Kinderherzen ziehen.

Oh, wen die Liebe Christi treibt und drängt,
der bete, daß Gott selbst dies Werk vollende.

*Breslau

Er, der in Christus alles uns geschenkt,
Er füllt auch Seiner Magd die leeren Hände!

Erst hatt ich nichts als nur den Gott der Macht
und sein Verheißungswort auf meiner Seite.
Am Abend wurden mir fünf Mark gebracht,
die in der Stille ich Ihm betend weihte:

»Fünftausend Mann und Kinder noch und Frau'n –
die konntest Du mit nur fünf Broten speisen;
Du siehst auch jetzt auf die, die Dir vertraun,
und willst an ihnen Deine Macht beweisen.

Hier bring ich Dir als Angeld die fünf Mark,
du kannst sie hunderttausendmal vermehren;
Du hörst Gebet, und Du bist treu und stark
und willst den Glauben Deiner Kinder ehren.«

So wollen wir denn warten und vertraun,
gehorsam dem Befehl, den Er gegeben,
den Heimatlosen eine Heimat baun.
Gewiß, Er läßt uns Seine Wunder schaun,
und jubelnd wird Ihn unser Herz erheben.

Als der göttliche Befehl zur Errichtung einer »Heimat für Heimatlose« an mich erging, waren meine Hände tatsächlich leer. Ich hatte nichts, was ich noch hätte mein eigen nennen können. Auch unser Werk konnte keine Mittel entbehren. So hatte ich nur den Gott der Allmacht und Seine Verheißungen! Eines Tages fand ich auf meinem Tisch 5 Mark zur Ausdehnung unserer Kinderarbeit. Das war das Anfangskapital. Es auf einen Stuhl legend, kniete ich nieder und weihte dies Erstlingsopfer dem Herrn, indem ich ihn an die Speisung der Fünftausend mit fünf Gerstenbroten erinnerte und ihn bat, die 5 Mark hunderttausendmal zu vermehren. Ich erhielt die innere Zusasge und war getrost. Nun flossen uns die Gaben zu, und bald hatten wir einige tausend Mark. Während eines Aufenthaltes bei meiner in Ostpreußen lebenden Schwester las ich das Lebensbild Dr. Barnardos mit tiefer Bewegung. Als ich an die Stelle kam, wie Dr. Barnardo ein Haus für seine kleinsten Kinder geschenkt bekommt, sagte ich zu meiner Schwester: »Kann Gott nicht heute noch dasselbe tun und uns ein Haus schenken?« Sie antwortete: »Warum nicht? Wir wollen sogleich darum beten.« Ungefähr vier Wochen später schenkte uns ein uns bis dahin unbekannter Großkaufmann in Breslau ein schönes Landhaus mit großem Grundstück in herrlichster Lage. Es war der Warteberg in der Nähe von Breslau. Gerade in dieser Gegend hatte ich die erste »Heimat für Heimatloses« im Geist entstehen sehen.

Am 24. Juni 1910 zogen die ersten 30 Kinder ein. Es war ein Tag der Freude und des Segens, als das Haus seiner neuen Bestimmung geweiht wurde. Gott offenbarte sich in unserer Mitte und nahm sein Eigentum in Besitz. Ungefähr 1000 Mark an Liebesgaben kamen ein als Grundstock für den Unterhalt, alles andere hatte zur Einrichtung verwendet werden müssen. Bald kam der Tag, wo der letzte Pfennig verausgabt war, aber gleichzeitig durften wir auch die erste große Erfahrung davon machen, daß der Herr weiß, was seine Kinder bedürfen. In tausendfältiger Weise kam seitdem stets das nötige Geld ein, so daß jede Not nur von neuem Gelegenheit gab zur Erfahrung wunderbarer Hilfe und göttlichen Segens.

Der ersten Heimat »Warteberg«, wo einst in vergangenen Jahrhunderten die heilige Hedwig, Herzogin von

Schlesien, ihr Geleit von Nonnen erwartete, sind fast 40 Heimaten in allen Teilen Deutschlands gefolgt. Häuser der verschiedensten Art und Größe wurden zur Verfügung gestellt, einige für unbestimmte Zeit gegen eine geringe Miete, und über 30 Häuser mit Land, Stallungen usw. wurden für immer der »Heimat für Heimatlose« übergeben.

Über 4300 Kinder fanden im Lauf der Jahre in diesen lieblichen Segensstätten Aufnahme. Viele der älteren Kinder füllen schon einen Platz im Leben aus und stehen in herzlicher Verbindung mit ihrem »Mütterchen« und ihrer Heimat. So verschieden auch die äußeren Verhältnisse der einzelnen Häuser sein mögen, gleichen sie sich doch alle in dem Geist der Liebe, des Friedens und des Gebetes, der Häuser und Herzen erfüllt und die geistige Atmosphäre der Heimat bildet. Unter dem Einfluß göttlicher Segnungen wächst eine Schar von glücklichen, fröhlichen Kindern heran. Sind sie bei der Ankunft auch oft jammervoll und elend, so erholen sie sich doch rasch an Leib und Seele, und ihre kleinen, nach Liebe hungernden Herzen finden volle Befriedigung in der liebevollen Fürsorge ihres »Mütterchens« und in dem Zusammenleben mit Brüderchen und Schwesterchen jeden Alters, mit denen sie die Freuden einer glücklichen Kindheit teilen. Sie führen ein richtiges Familienleben. Die Schwester – das »Mütterchen« – könnte mit einer Witwe verglichen werden, die für ihre 12 bis 20 Kinder sorgt, die kleinsten pflegt und die älteren im Geistlichen und Praktischen unterweist. Sie geht mit ihnen in die Wälder, um Brennmaterial zu sammeln, arbeitet mit ihnen auf dem Feld, sieht auf die Ordnung des Hauses, sie bereitet die einfachen Mahlzeiten und gestaltet den Kindern das abendliche Zusammensein so gemütlich und schön wie möglich. Als wichtigsten Dienst trägt sie ihre Schar auf

Die »Schwalben« in ihrem Gärtchen

betendem Herzen und weist ihnen den Weg zum guten Hirten.

Auf den Schultern des Mütterchens liegt die ganze Verantwortung für das Haus. In festem und unbedingtem Glauben vereinigen sich ihre Gebete mit denen der Kinder und öffnen die Fenster des Himmels, um aus der Hand ihres himmlischen Vaters alles zu empfangen, was sie im Irdischen und Geistlichen bedürfen. Die Schwester ist keinem Vorstand unterstellt, sondern nur Gott und ihrem Mutterhaus verantwortlich, in dem alle die Freuden und Nöte der Heimaten einen Widerhall finden in Dank und Fürbitte, Rat und Hilfe. Dem Mütterchen steht eine jüngere Schwester, die »Tante«, zur Seite und eine Helferin. In größeren Häusern, in denen mehrere Familien leben, wird trotzdem soviel als nur möglich der Charakter eines wirklichen Familienlebens gewahrt. Fast jede Familie hat ihr Kleinstes, die Freude und der Liebling der ganzen Schar. Mütterchen schläft mit ihren Jüngsten zusammen, und nur Gott allein kennt die vielen gestörten Nächte und weiß, wie oft sie am Krankenbett eines ihrer Lieblinge wacht. Selbstverständlich teilt sie mit den Kindern die gleiche Nahrung, und oft mag es vorkommen, daß sie ihren letzten Pfennig gibt, wenn die Kasse leer ist und irgend etwas dringend gebraucht wird. Aber der Vater, der ins Verborgene sieht, sieht alles und enttäuscht niemals sein ihm vertrauendes Kind.

Fast zwei Jahrzehnte sind seit der Gründung der »Heimat für Heimatlose« vergangen, während ich dies schreibe, und während dieser Zeit haben wir die Fürsorge Gottes Tag für Tag erfahren dürfen. Stets kam die Hilfe im richtigen Augenblick. Es ist uns um der Ehre Gottes willen ein Anliegen, uns nie bittend an Menschen zu wenden und auch keine Schulden zu machen. Da gibt es manche Glaubensproben und Nöte, aber auch viel

Erhörung und Freude, und wir dürfen rühmen, daß er uns bis jetzt in wahrhaft wunderbarer Weise hindurchgetragen hat. Vielleicht gibt es wenig Stätten auf Erden, wo es so viel Anlaß zu Freude, Lob und Danksagung gibt, wie im Friedenshort und in den »Heimaten für Heimatlose«!

Glora in excelsis Deo!

Gehet hin in alle Welt

Die Miao-Mission

entstand auf Anregung von Mrs. Howard Taylor, der begnadeten Verfasserin der Lebensbeschreibung von Hudson Taylor, dem Gründer und Leiter der großen, gesegneten China-Inland-Mission, meines persönlichen Freundes. Ich traf im Jahre 1909 seine Schwiegertochter in St. Chrischona, dem Mutterhaus der Pilgermission bei Basel. Sie nahm mich beiseite und legte mir als göttlichen Auftrag die Mission unter den erweckten Stämmen der Miao in den wilden Gebirgen Westchinas aufs Herz. Betend wurde die Sache vor Gott bewegt. Ein Vermächtnis unseres Freundes und Mitarbeiters, des kleinen Bruders Fritz Oetzbach, der auf der Heimreise in Rußland starb, und ein Jahr später der Segen und das Vermächtnis von Schwester Sophie bestätigten den Auftrag.

Vier Schwestern fanden sich bereit und folgten dem Ruf Gottes nach kurzer Vorbereitung. Sie zogen im August 1912 über Rußland – Sibirien nach Shanghai und einige Monate später von dort in ihr umfangreiches Arbeitsgebiet, das sie erst nach vierteljähriger anstrengender und gefahrvoller Reise erreichten. Im Jahr 1915 wurde den vier Schwestern ein großes Gebiet als ihr besonderes Missionsfeld angewiesen, zu dem Mr. Adams, der gottbegnadete Evangelist und Apostel der Miao-Stämme, ihnen einige Stationen seines weiten Distriktes abtrat. Der alte Missionsveteran Mr. Windsor sollte sie in die Arbeit einführen. Da wurde Mr. Adams in Anshung von einem Blitz erschlagen, und kaum acht

Tage später erlag Missionar Windsor einer tödlichen Krankheit.

So blieben die vier jungen Schwestern allein in völlig heidnischer Umgebung, angesichts einer Riesenaufgabe, zurück, für deren Lösung nach dem Urteil erfahrener Missionsleute kaum Männerkräfte ausreichten. Da haben sie lernen müssen, daß alle Dinge möglich sind bei Gott, und in Demut durften sie mit Paulus sprechen: »Ich vermag alles durch den, der mich mächtig macht – Christus!« Sie zogen allein hinauf in die ganz heidnische Stadt Tating, in der noch nie eine Europäerin eingekehrt war. Ein altes chinesisches Häuschen, das, wegen Geisterspuk gemieden, verlassen dastand, wurde gemietet und von den Schwestern bezogen.

Zuerst mußten die Räume von dem unbeschreiblichen Schmutz gereinigt und ein paar Bretter zu Betten zusammengeschlagen werden. In China geht alles langsam; die Schwestern mußten viele Wochen und Monate inmitten von Kisten und Körben leben. Unten im Häuschen wurde ein Versammlungsraum notdürfig eingerichtet. Eine schmale Leiter führte hinauf unters Dach. Das war ihr Bethel. Dort durften sie ihrem Gott begegnen, seine Aufträge und Weisungen empfangen und im Glaubenskampf gestärkt werden.

Da die Schwestern die ersten ausländischen Frauen waren, die die Leute sahen, so betrachtete man sie zunächst mit Mißtrauen und nannte sie ausländische Hexen und ausländische Teufel. Man hatte sie sogar im Verdacht, daß sie Kinder äßen, und verbreitete das Gerücht, daß sie den Menschen Herz und Leber herausnähmen, um ihre Arzneien herzustellen.

Aber doch wurden bald manche Häuser und Herzen geöffnet durch den Dienst der Liebe und Barmherzigkeit an den Kranken und Elenden. Dabei gab es viel Gelegenheit, von der Retterliebe Jesu zu zeugen. Der kleine Versammlungsraum wurde bald zu eng. Nach viel Gebet und langem Warten durften die Schwestern ein Grundstück kaufen, wo sogleich mit den Vorbereitungen für den Bau der Evangeliumshalle (»glücklichen Lauthalle«) begonnen wurde. Dann folgte im August 1916 ein unvergeßlicher Tag: Einweihung des Gotteshauses, Taufe und Konferenz! Mehrere Tagereisen weit kamen die Leute über die Berge, um das Wort Gottes zu hören. Es war wie ein Geisteswehen, das besonders durch die Stämme der Miaos und Ichias ging. Nun kamen auch viele Frauen, die ihre Vorurteile hatten fallen lassen; der Geist Gottes fing an, an ihnen zu arbeiten. Die Kinder nahmen den Heiland an; in manchen Hütten wurde Morgen- und Abendandacht gehalten.

Die Leute machten reinen Tisch. Wenn sie an Christus glauben lernten, so wurden die bisher angebeteten Götzen einfach verbrannt: Unter Gesang und Gebet wurden große Götzenfeuer gehalten. Viele Seelen wurden von Zauberei befreit und dürfen jetzt dem lebendigen Gott dienen. Große Scharen von Taufbewerbern kamen hinzu. Im Sommer wird Knaben- und Mädchenschule gehalten. Eine Evangelistenschule ist eingerichtet. Die Krankenarbeit dehnt sich immer weiter aus.

So ist die Arbeit unserer Schwestern nicht vergeblich gewesen in dem Herrn. Viele Hunderte von Heiden durften sie zu Jesus führen und zur Taufe vorbereiten. Gemeinden entstanden, Kapellen wurden gebaut. Zwanzig Predigtplätze werden regelmäßig bedient, andere zwanzig hin und wieder besucht. Zu den Konferenzen und Bibelkursen versammeln sich Hunderte von heilsverlangenden und nach mehr Erkenntnis dürstenden Miaos im Missionsgrundstück in Tating, welches jetzt schon ungefähr zwanzig Häuschen umfaßt – (wahrhaftig, ein kleiner Friedenshort im fernen Land!). Der Eifer dieser früheren Heiden ist groß. Tag und Nacht werden sie nicht müde, zu lernen, zu singen, zu beten und Gott zu loben.

Inzwischen ist auch eine neu Hauptstation im Pichieh eröffnet worden, nachdem zweimal je zwei Schwestern in den Heimaturlaub zurückgekehrt und wieder hinausgezogen sind.

Im Winter 1928/29 wurde die kleine Schwesternschaft schwer heimgesucht. Vom Flecktyphus ergriffen, starben in kurzer Folge die älteste und die jüngste der dort arbeitenden Schwestern. Wie dankbar waren wir da, daß wir bald junge Schwestern zur Hilfe hinausschicken konnten. Die Arbeit wuchs weiter, und so konnten wir neben den beiden bisherigen Hauptstationen noch eine dritte in Chenshiong eröffnen. Im Jahre 1935 ging eine der damals zuerst ausgesandten vier Schwestern heim, und vor zwei Jahren auch die zweite derselben. Sie haben sich im Dienste für China aufgeopfert. Durch die Kriegsverhältnisse konnten wir dann lange Zeit keine Schwestern aussenden; doch jetzt hoffen wir, daß der Weg für zwei frei wird, so daß wir dann wieder acht Friedenshortschwestern in unserer Missionsarbeit dort unter den Miaos haben werden.

Auch in andere Gegenden der Welt zogen Schwestern aus dem Friedenshort hinaus, um Missionsdienst zu tun.

Als erste sei Schwester Olivia Ugland erwähnt, eine geborene Norwegerin, die im Jahre 1908 in den hohen Norden Norwegens, an den Tysfjord zog, um den norwegischen Fischerleuten in Leibes- und Seelennot beizustehen. Sie begann eine kleine Missionsarbeit draußen, baute ein Missionshaus und ein Krankenhaus und hat sich teilweise mit der Erziehung von Kindern beschäftigt. Auf einem Motorboot durchfuhr sie die Fjorde, um das

Evangelium in die kleinen Hütten zu tragen oder den Kranken und Armen in ihrer Verlassenheit zu helfen. Nun ist sie im Ruhestand, aber ihre Arbeit dort oben wird weitergeführt.

Im Winter 1923/24 erging an uns der Ruf, zwei Schwestern nach Südchina, in die Nähe Kantons, zu entsenden, um unter der Leitung einer Amerikanerin, Miss Ruth Hitchcock, in Koon Shan unter den Chinesen zu arbeiten. Diese selten begabte, ihrem Beruf völlig hingegebene Missionarin stammte aus Santa Barbara in Kalifornien. Ihre Eltern haben eine kleines Landgut außerhalb der Stadt und drinnen ein Geschäft für Stoffwaren, dessen Erträge einzig dem Unterhalt der Missionsarbeit in China zufließen. Schwester Margarete Seeck und Schwester Marieluise v. Mengersen wurden ausersehen, im Herbst desselben Jahres abgeordnet und trafen im Januar 1925 in Koon Shan ein. In der ersten Zeit nahm das Lernen der Sprache fast ihre ganze Zeit in Anspruch. Kaum waren sie soweit, daß sie in der eigentlichen Missionsarbeit mithelfen konnten, so mußte Miss Hitchcock zu ihrer erkrankten Mutter nach Kalifornien zurückkehren, um sie zu pflegen und die Last des Geschäftes auf sich zu nehmen. Während der politischen Unruhen im Süden Chinas wurde den beiden anderen mitarbeitenden Amerikanerinnen der Aufenthalt auf der Station untersagt, und unsere beiden Schwestern hatten mit den chinesischen Predigern und Bibelfrauen die Leitung der Station.

Gott hat sich gnädig zu ihrer Arbeit bekannt, und sie durften durch dieses Alleinstehen tiefer in das Werk hineinwachsen.

Eine besondere Freude ist es ihnen, in Begleitung der Bibelfrau auf die Dörfer zu gehen und den durch Aberglauben und Götzendienst geknechteten Heiden von der freimachenden Kraft und der Liebe des großen Erlösers zu sagen. Eine Hauptaufgabe ist auch die Sonntagsschularbeit unter groß und klein, denen sie die biblischen Geschichten so anschaulich wie möglich vor die Augen zu stellen suchen. Mit den einzelnen Außenstationen versuchen sie Kontakt zu bekommen und die Christen soviel wie möglich in ihren Häusern zu besuchen.

Schwester Eleonore zog im Januar 1928 nach Guatemala in Zentralamerika und steht dort seitdem in einer schönen und gesegneten Arbeit. Ein Jahr später folgte Schwester Elise Otto in die gleiche Arbeit.

Schwester Helene Nolting ging im Winter 1929 nach Uganda in Zentralafrika im Anschluß an die Afrika-Inland-Mission. Sie hat dort zehn Jahre bis zu ihrem Urlaub 1939, vor allem in der Erziehung der schwarzen Mädchen, gestanden. Der Krieg traf sie in ihrem Urlaub zu Hause, und bisher hat sie noch nicht wieder auf das ihr so liebgewordene Arbeitsfeld hinausgehen können, hofft aber doch, daß sich die Tür wieder auftun wird.

Im Herbst 1929 reisten Schwester Paula Frei und Schwester Erna Struwe nach Süd-Indien aus, um dort in der gesegneten Arbeit von Miss Amy Carmichael in Dohnavur, Tinnevelly-Distrikt, im Krankenhaus und unter den Tempelkindern mitzuhelfen. Das Buch »Die goldene Schnur« erzählt ausführlich von dieser schönen Missionsarbeit.

1934 öffnete sich eine Tür zum Missionsdienst für unsere Schwestern Lisbeth Schrader und Anna Fey auf den Salomoninseln in der Südsee, und 1935 zogen sie zur Arbeit an den Eingeborenen dorthin. Während des Krieges waren sie in Sydney, und nun konnten sie wieder in ihre alte und liebgewordene Arbeit auf den Inseln zurückkehren.

Seit 1936 ist unsere Missionsschwester Agnes Schirok

in Ägypten und arbeitet seit einigen Jahren in dem englischen Missionskrankenhaus in Kairo.

In Nordindien arbeitet Schwester Thilde Gaupp seit Herbst 1937 und bringt dort den indischen Frauen und Mädchen das Evangelium. Sie steht in der Arbeit von Miss M. Warburton Booth in Gorakhpur, über deren Lebensaufgabe die englischen Bücher »Take this child« und »These things I have seen« berichten.

Friedenshort – Heimat für Heimatlose – Mission!

Groß sind die Aufgaben, groß sind die Schwierigkeiten, größer die allmächtige Hand Gottes, die sich das Schwache, das Arme, das was nichts ist, erwählt, um sich herrlich zu erzeigen!

Ihm allein die Ehre!

Wie es weiterging

Mutter Evas Arbeit wurde nach ihrem Heimgang im Jahre 1930 14 Jahre in Miechowitz/Oberschlesien fortgesetzt. Die Zahl der Schwestern wuchs bis auf 800 an. Weitere Arbeiten kamen hinzu, einige Kinderheimaten entstanden neu. Bei Kriegsausbruch hatte der Friedenshort in Deutschland 42 Kinderheimaten. Schwestern folgten dem Missionsruf nach China und in andere Länder.

Im Jahre 1936 wurde Schwester Friede von Hedemann, die die erste und größte Kinderheimat auf dem Warteberg geleitet hatte, zur Oberin berufen. Sie tat diesen Dienst 19 Jahre lang in der wohl schwersten Zeit unseres Werkes. Im April 1955 trat Schwester Elise Otto ihre Nachfolge an. Sie war bis dahin über 20 Jahre Missionsschwester in Guatemala.

Die schweren Jahre des Dritten Reiches bekam auch unser Friedenshort zu spüren. In den Kinderheimaten wurden damals etwa 1400 Kinder betreut, und es war sehr schmerzlich, daß im Jahre 1940 die erste Kinderheimat, der Warteberg, aufgegeben werden mußte. Weitere Kinderheimaten gingen verloren, aber die Kinderarbeit als Ganzes wie auch der Friedenshort selbst blieb wunderbar bewahrt.

Am 22. August 1945 erhielt unser Mutterhaus den Befehl, den Friedenshort innerhalb von 4 Wochen zu verlassen. Die letzte Gruppe verließ Miechowitz am 18. September 1945. Damit mußte auch der Dienst in Oberschlesien aufgegeben werden. Pastor Zilz übergab das gesamte Friedenshortgelände der Evangelischen Kirche Augsburgischer Konfession in Polen.

Durch die seitherige Teilung unseres Vaterlandes war auch unser Friedenshortwerk getrennt. Die Hälfte unserer Schwesternschaft befindet sich im Osten, die andere Hälfte im Westen Deutschlands. So galt es von Gott für unser Werk je einen neuen Mittelpunkt zu erbitten.

Im östlichen Teil unseres Landes wurde uns das alte Zisterzienserkloster in Heiligengrabe in der Ostprignitz zugewiesen, in dem bis dahin Stiftsdamen einen gesegneten Dienst an der Jugend taten. So wurde auch der Friedenshort in Heiligengrabe zu einer gesegneten Stätte. Heute werden von dort aus Kinder meist im vorschulpflichtigen Alter in Schwerin-Görries und in Heiligengrabe betreut. Darüber hinaus werden behinderte Kinder, Jugendliche und Erwachsene in Heiligengrabe und Wernigerode betreut und gefördert. An drei Orten werden alte Menschen betreut: in Leipzig, Altruppin und in Heiligengrabe. Außerdem gibt es den Schwerpunkt der Gäste- und Erholungsarbeit: in Mehltheuer bei Plauen im Vogtland, in Zinnowitz auf der Insel Usedom und in Heiligengrabe selbst.

Im westlichen Teil des Landes wurde Ende März 1947 ein Teil des Schlosses Berleburg im Wittgensteiner Land für 10 Jahre gemietet. Schließlich führte der Weg nach Freudenberg im Siegerland, wo wir ein neues Mutterhaus bauten. Die Stadt Freudenberg, der Kreis Siegen und die Behörden des Landes, unsere Schwestern und Freunde haben uns beim Planen und Bauen mit großen Opfern und vorbildlicher Treue unterstützt. So konnte am 10. Juli 1957 unser neues Mutterhaus eingeweiht werden. Es waren Tage des Lobes und Dankes. Kurz darauf, am 25. November 1957, wurde Pastor Walther Zilz im Alter von 70 Jahren nach 40 Jahren Dienst im Friedenshort von Gott abberufen. Am 7. Dezember 1958 wurde Herr Pastor Curt Bock als Nachfolger in Heiligengrabe eingeführt mit Dienstsitz in Freudenberg. Er versah das Amt des Vorstehers unseres Werkes bis zum März 1966. Vom 15. Juli 1948 bis 31. 12. 1965 tat Pastor Hans Hermann Brandt seinen Dienst im östlichen Teil des Friedenshortes in Heiligengrabe.

Am 31. Oktober 1963 wurde das Feierabendhaus »Gottesruhe« für vierzig Schwestern und die neuerbaute Kapelle mit über 200 Sitzplätzen ihrer Bestimmung übergeben. Damit hatte das Werk im Westen auch wieder einen geistlichen Mittelpunkt. Heute gehören zum Friedenshort in Heiligengrabe 110 Diakonissen und in Freudenberg 117 Diakonissen; davon sind etwa ⅔ Feierabendschwestern.

Unsere Schwestern sind z. Zt. in verschiedenen Bereichen tätig: in der Gemeindealten- und Gemeindekrankenpflege, im Krankenhaus, im Dienst am behinderten Menschen, in der Erziehungsarbeit, in der Gästebetreuung, in der Verwaltung, in der Hauswirtschaft, im Altenheim und in der Kindernothilfe.

1967 wurde in Heiligengrabe Herr Pastor Henning Holtz eingeführt und im Herbst des gleichen Jahres Herr Pastor Carlo Büchner in Freudenberg.

Bis heute spielt die Erziehungsarbeit an Kindern und Jugendlichen in unserem Werk eine große Rolle. Dieser Dienst war Mutter Eva in besonderer Weise aufgetragen; die Verhältnisse allerdings hatten sich geändert. Waren es früher vornehmlich Waisenkinder, so wurden es nun mehr und mehr Kinder und Jugendliche aus gestörten Familien, die da herausgenommen werden mußten.

Zur bisherigen Aufgabe den Kindern eine Heimat anzubieten, trat die Notwendigkeit der Heilung gestörter Beziehungen und seelischer Verletzungen. Dazu waren entsprechende, sozialpädagogisch-therapeutisch ausgebildete Fachkräfte nötig, die zugleich das geistliche Anliegen des Werkes mittragen und weitergeben können. Im Jahre 1969 entschieden sich Vorstand und Schwesternschaft nach einem intensiven geistlichen Fragen dafür, daß auch in Zukunft die Kinder- und Jugendarbeit der Heimat für Heimatlose als Schwerpunktaufgabe des Werkes anzusehen sei. Damit begann eine Auf- und Umbruchzeit in der pädagogischen Arbeit des Werkes, der sich Pastor Büchner mit ganzer Kraft widmete. So kamen mit der Zeit rund 500 überwiegend jüngere Mitarbeiter in unser Werk, um den Dienst der Diakonissen fortzuführen. Es entfaltete sich eine rege Bautätigkeit, da an vielen Stellen neue äußere Voraussetzungen geschaffen werden mußten.

Damit im Zusammenhang steht die Berufung von Herrn Rolf Gericke als Verwaltungsleiter und späteren Geschäftsführer im Jahre 1972. Er baute eine Zentralverwaltung für das Gesamtwerk in Freudenberg auf. Ihm stand für die sozialpädagogische Gesamtleitung des Werkes Schwester Beate Böhnke zur Seite.

1973 gab es einen Wechsel im Oberinnenamt in Freudenberg. Schwester Hilda Rabold, seit 1957 Oberin, gab ihr Amt an Schwester Anneliese Daub weiter. Auch in Heiligengrabe gab es einen Wechsel in diesem Amt durch den Heimgang von Schwester Elise Otto als Oberin. Schwester Edith Wulff wurde als Nachfolgerin eingeführt.

Die 1969/70 in Planung genommene sozialpädagogische Einrichtung in Öhringen konnte 1975 ihre Arbeit aufnehmen. 15 Häuser für Kinder und Mitarbeiter waren zu jenem Zeitpunkt fertiggestellt. Heute ist dies die größte Einrichtung des Werkes, die in Form einer stadtteilähnlichen Anlage über 150 Kinder und Jugendliche betreut und mit einer eigenen Sonderschule und Erziehungsberatungsstelle ausgestattet ist. Auch in Tostedt in der Nordheide und in Oberlauringen/Bayern mußte neu gebaut werden. Hier entstand eine moderne Einrichtung für lern- und geistigbehinderte Kinder- und Jugendliche mit einer eigenen privaten Sonderschule und therapeutischen Diensten.

Unsere Feierabendschwestern, die selber diesen Dienst nicht mehr tun können, stehen in treuer Fürbitte hinter den vielfältigen Wandlungen und nötigen Veränderungen des Werkes, in der Gewißheit, daß auch bei völlig veränderten Verhältnissen der Herr derselbe ist, der allein recht helfen kann.

Mit der Berufung von Pastor Erwin Göhring als Mitarbeiterpfarrer 1978 war das Anliegen verbunden, die stetig angewachsene Zahl von Mitarbeitern seelsorgerlich zu betreuen. Eine Brücke dazu bot die werksinterne Fortbildungsarbeit, die in den folgenden Jahren aufzubauen war. Gleichzeitig wurde die geistlich-diakonische Prägung und die seelsorgerliche Zurüstung einer ständig wachsenden Mitarbeiterschaft eine immer dringendere Notwendigkeit eigentlich in der gesamten Diakonie in unserem Land. Dieser Frage nahm sich mit großer Hingabe Herr Pastor Büchner an, so daß wir im Jahr 1983 den 1. Kursus »Ganzheitliche Seelsorge« durchführen konnten. Mit diesem Angebot sind wir auf eine große Nachfrage gestoßen, so daß wir im Jahr 1986 das »Institut für ganzheitliche Seelsorge (IGS)« gründen konnten, das sich mit seiner Arbeit an alle in der Diakonie tätigen Mitarbeiter wendet. Zu diesem Angebot gehört auch eine 18monatige berufsbegleitende Ausbildung in Seelsorge auf der Grundlage eines sich gegenseitig ergänzenden seelsorgerlich-therapeutischen Grundverständnisses, das in einem biblischen Menschenbild begründet ist.

In der Schwesternschaft berief Gott ab 1978 bis zum Anfang der 80er Jahre einige junge Frauen, die mit der

Hingabe ihres Lebens in der Lebensform der Diakonisse uns allen Mut machten.

Auf Werksebene sind die 80er Jahre gekennzeichnet von einem starken Wandel und von einer weitgefächerten Differenzierung bei der Unterbringung von Kindern und Jugendlichen. Das charakterisierende Stichwort dafür heißt »Dezentralisierung«. Kleine überschaubare Wohneinheiten, allmähliche Rücknahme der Versorgungsstrukturen wurden notwendig. Ein allgemeiner Rückgang der Verweildauer der aufgenommenen Kinder und Jugendlichen machte Überlegungen zu einer »Kurzzeitpädagogik« nötig. Der Wandel im Bereich der Heimat für Heimatlose im vergangenen Jahrzehnt wird u. a. durch vier Ereignisse beschrieben: In Freudenberg/ Siegen werden Kinder und Jugendliche des ehemaligen kreiskirchlichen Kinderheims »Johann-Moritz-Stift« in eigens dafür erworbene bzw. neu errichtete Gruppenhäuser untergebracht. In Bad Gandersheim wird das Missionskinderdorf vom Missionswerk der Freien Evangelischen Gemeinden übernommen. Auf der Insel Juist wird das Kinderheim »Mutter Eva« in ein Gäste- und Tagungshaus umgewandelt. Eine Wohngruppe davon bleibt in Norden bestehen. Die traditionsreiche Kinderheimat »Gottesgabe« in Hoisdorf wird schrittweise nach Hamburg verlagert und das Anwesen Hoisdorf verkauft. Außerdem trennen wir uns von den Häusern in Solingen, Bielstein und Mistlau/Kirchberg.

Zum Wandel gehören auch immer wieder neue Personen. So schied Herr Gericke zur Jahresmitte 1987 aus dem Werk aus. Damit verbunden war zugleich eine juristische Neuordnung des Werkes: alle selbständigen Teileinheiten des Werkes sind nun unter dem Dach der Stiftung zusammengefaßt. Zu dieser Neuordnung gehört ein aus drei Personen bestehender Vorstand. Herr Dipl.-

Kfm. Georg Gintrowski wurde als kaufmännischer Geschäftsführer ins Werk berufen. Die anderen beiden Mitglieder des Vorstands/der Geschäftsführung sind die Oberin und der Vorsteher.

In Freudenberg haben wir unser Wohnheim für Auszubildende in der Hauswirtschaft in ein Tagungs- und Gästehaus umgewandelt.

Auch in unserem Tiele-Winckler-Haus in Berlin vollzieht sich in diesen Jahren ein Wandel. Der Um- und Neubau in der Teileinrichtung Friedenau wurde im Jahr 1986 fertiggestellt. Ende dieses Jahres wird auch in Berlin-Lichtenrade die Arbeit mit geistig-schwerstbehinderten Menschen aufgenommen.

Das 100. Jahr des Bestehens unseres Friedenshortes erleben wir inmitten eines grenzübergreifenden politischen Wandels. In den letzten Jahren haben wir die Bereitschaft zum Wandel, zur Veränderung innerhalb des Werkes als besondere Herausforderung empfunden. Wir leben in einer schnellebigen Zeit, die Nöte der Menschen wachsen auch heute schneller als neue Hilfen und Lösungen.

Möge der Mut unseres Glaubens ebenso wachsen, damit wir vor den Herausforderungen dieser Zeit nicht zurückweichen, sondern ihnen im Glauben begegnen: Alles ist möglich, dem, der da glaubt.

Freudenberg, im April 1990

Die Leitung des Diakonissenmutterhauses
Stiftung »Friedenshort«

Wer wenig für sich selber braucht,
kann viel für andre geben,
und Gottes heilge Liebe haucht
den Gaben ein das Leben.

Dann sind's nicht tote Dinge nur,
sie tragen ewgen Samen
und lassen eine ewge Spur
zurück in Jesu Namen.

Eva von Tiele-Winckler

Weitere Bücher von Eva von Tiele-Winckler

Briefe zum Lobe Gottes
Eine Zusammenfassung von seelsorgerlichen Briefen der Verfasserin an ihre Schwestern.

TELOS-Taschenbuch Nr. 70230, 112 Seiten

Worte in unsere Zeit für dich und mich · Eva von Tiele-Winckler
Geschenkband mit festem Einband, 48 Seiten, davon 20 Farbfotoseiten

Worte in unsere Zeit Nr. 05014

Um jeden Preis
Eva v. Tiele-Winckler erzählt aus ihrer Arbeit

Großdruckheft »Weg und Ziel« Nr. 18079

Mutter Evas Morgengruß
Ein Wort von Eva v. Tiele-Winckler für jeden Tag des Monats

Geschenkheft »Unter Gottes Liebe« Nr. 11031

Goldenes ABC
Gottesworte mit Versen von Eva v. Tiele-Winckler

Geschenkheft »Unter Gottes Liebe« Nr. 11032

Verlag der St.-Johannis-Druckerei, 7630 Lahr

Weitere Bücher von Eva von Tiele-Winckler

Vier Geschenkbändchen mit Gedanken über die Psalmen, je 64 Seiten

Ich will hören. Psalm 1–20. Bestell-Nr. 03426
Der beste Weg. Psalm 21–35. Bestell-Nr. 03427
Frohes Vertrauen. Psalm 36–57. Bestell-Nr. 03428
Freudige Zuversicht. Psalm 58–83. Bestell-Nr. 03429

Vom Reichtum seiner Gnade
Bibelsprüche mit Worten und Versen von Eva v. Tiele-Winckler

Geschenkbändchen Nr. 03477, 64 Seiten

Ein Lebensbild von Eva von Tiele-Winckler:

Mutter Eva, die Lobsängerin der Gnaden Gottes
Leben und Werk von Eva von Tiele-Winckler
von Walter Thieme
344 Seiten
Edition C-Paperback Nr. 55360